1   Rechtlicher Hinweis

Von Lothar Arnold

Der Inhalt dieses Taschenbuches wurde mit größter Sorgfalt erarbeitet. Dennoch können Fehler nicht vollständig ausgeschlossen werden. Die Autorin übernimmt keine juristische Verantwortung oder irgendeine Haftung für eventuell verbliebene Fehler und deren Folgen. Alle Warennamen werden ohne Gewährleistung der freien Verwendbarkeit benutzt und sind möglicherweise eingetragene Warenzeichen. Alle (auch personenbezogenen) Abbildungen wurden nur für diesen Ratgeber explizit erlaubt. Eine Weiterverwendung / Weitergabe ist ausdrücklich nicht erlaubt.

Kommentare und Fragen sind herzlich willkommen:
Lothar Arnold
Börsterweg 150
45657 Recklinghausen
Web: www.fuerteventura-mal-anders.de
mailto:ebook@lfuerteventura-mal-anders.de
Coverdesign: Andrea Müller
Seitenanzahl Druckvariante: 133 Seiten

2 Impressum

Bibliografische Information der Deutschen Nationalbibliothek

Die Deutsche Nationalbibliothek verzeichnet diese Publikation in der Deutschen Nationalbibliografie; detaillierte bibliografische Daten sind im Internet über http://dnb.d-nb.de abrufbar

Herstellung und Verlag
BoD – Books on Deman, Norderstedt

ISBN: 9783748101697

3 Einleitung: Die 16 erfolgreichsten Diäten schnell, gesund und dauerhaft Abnehmen

WILLKOMMEN zu den aktuellsten erfolgreichsten 16 DIÄTEN Sie erhalten eine leckere Auswahl der verschiedensten Diät-Rezepten. Bedenken Sie, ZIELE BEIM ABNEHMEN sind wichtig. Je nach dem ob Sie radikal (dann aber bitte nur kurz) Gewicht verlieren wollen, oder ob Sie ein ausgewogenes Ernährungsprogramm befolgen wollen. Sie haben alle Möglichkeiten. Mit den Power Diäten können Sie problemlos einfach abnehmen und finden erfolgreich zum Wunschgewicht zurück. Ohne Sport und Hungergefühl reduzieren Sie schnell und gesund Ihr Gewicht und vermeiden den lästigen Jo- Jo- Effekt.
Für den rasant schnellen sichtbaren Erfolg, wurden folgende Power- Diäten zusammengestellt

JETZT HABEN SIE DIE WAHL
5 POWER DIÄTEN
damit Schnell über 10 Pfund in nur 10 Tagen abnehmen

Power Diät 1 - DIE CRASH DIÄT
Power Diät 2 - DIE RHYTHMISCHE 3 TAGE DIÄT
Power Diät 3 - DIE LOW CARB DIÄT
Power Diät 4 - DIE INSTITUT DIÄT
Power Diät 5 - 10 PFUND IN 10 TAGEN DIÄT

11 SCHLEMMER DIÄTEN
Mit den Schlemmer- Diäten kommen Sie trotz fettreduzierter Ernährung voll auf Ihre Kosten. In den Diätplänen werden die geliebten Dickmacher gezielt durch gesunde Lebensmittel ersetzt. So verschwinden die ungeliebten Fettpolster, ohne auf genussvolles Essen zu verzichten. Ohne zu hungern nehmen Sie bei bester Laune ab.
Schlemmer Diät 1 - DIE BUTTERMILCH DIÄT
Schlemmer Diät 2 - DIE PROBIOTISCHE DIÄT
Schlemmer Diät 3 - DIE SCHLEMMER DIÄT
Schlemmer Diät 4 - DIE NEUE REISDIÄT
Schlemmer Diät 5 - DIE EXOTENDIÄT(
Schlemmer Diät 6 - DIE APFELDIÄT
Schlemmer Diät 7 - DIE SALATDIÄT
Schlemmer Diät 8 - DIE LECKERE PASTA DIÄT
Schlemmer Diät 9 - DIE MITTELMEER DIÄT
Schlemmer Diät 10 - DIE FATBURNER DIÄT
Schlemmer Diät 11 - DIE GUTE LAUNE DIÄT

Jede Diät besteht aus 5 Mahlzeiten pro Tag, die täglich unter 30g Fett liegen. Mit diesen Diäten nehmen Sie jeden Tag ein Pfund mit bester Laune und ohne zu hungern ab!

5 Mahlzeiten zum Sattessen, bei dieser Diät gibt es pro Tag 5 Mahlzeiten:
-Frühstück,
-Mittagessen,
-Abendessen und
-zwei Zwischenmahlzeiten.

Natürlich können Sie einzelne Mahlzeiten gegeneinander austauschen.

Lassen Sie bitte nicht die Zwischenmahlzeiten aus, da der Heißhunger zwischen den Hauptmahlzeiten unterdrückt wird, der Blutzucker konstant bleibt, Leistungsabfälle vermieden werden und der Magen sich an kleinere Mahlzeiten gewöhnt.

Wichtig: Viel trinken!

Wichtig ist, während der ganzen Diät viel zu trinken. Am besten trinken Sie zu jeder Mahlzeit etwas, über den Tag verteilt mindestens 2 Liter.

Während einer Diät sollten Sie unbedingt auf zuckergesüßte Getränke verzichten. Denken Sie daran: 1 Liter Limonade oder Cola enthält bis zu 480 kcal. Das ist soviel wie ein Mittagessen mit Zwischenmahlzeit zusammen!

Lassen Sie auch alkoholische Getränke weg. Während einer Diät sind kalorienfreie Getränke wie Tee und Mineralwasser am besten.

Zusätzlich:

Mit Sport und Bewegung unterstützen Sie Ihre Diät. Dann braucht der Körper zusätzliche Energien. Sie nehmen schneller und dauerhafter ab. Ideal sind leichte Ausdauersportarten wie Radfahren, Schwimmen, Joggen und Walking. Gut ist auch Gymnastik. Eine halbe Stunde Sport pro Tag reicht aus. Am besten beginnen Sie bereits vor dem Frühstück damit. Dann muss der Körper die notwendigen Energien aus den Fettdepots holen.

Beachten Sie in diesem Zusammenhang auch unbedingt die 10 GOLDENEN REGELN für Ernährung.

4   Die 10 goldenen Regeln der gesunden Ernährung

1. Bauen Sie abwechslungsreiche Nahrung in Ihren Speiseplan ein, aber vermeiden Sie zu große Portionen.
2. Achten Sie darauf, nicht so viel Fett zu verzehren. Achten Sie dabei vor allem die versteckten Fette in Wurst und Schokolade.
3. Verwenden Sie Salz nur sparsam. Würzen Sie lieber mit frischen Kräutern und Gewürzen.
4. Gehen Sie mit Zucker vorsichtig um. Gönnen Sie sich nur selten Süßigkeiten.
5. Essen Sie viele Vollkornprodukte und Müsli. Sie liefern neben Kohlenhydraten auch Nähr- und Ballaststoffe.
6. Essen Sie reichlich verschiedenes Obst und Gemüse, damit der Körper ausreichend mit wichtigen Vitamine und Nährstoffen versorgt ist.
7. Achten Sie verstärkt auf den Verzehr von pflanzlichem Eiweiß, wie z.b. in Hülsenfrüchten. Denken Sie beim Verzehr von tierischem Eiweiß daran, dass zu viel Fleisch schädlich ist.
8. Trinken Sie mindestens 2 Liter am Tag, und noch mehr bei warmem Wetter oder körperlicher Anstrengung. Trinken Sie am besten viel Mineralwasser und Saftschorlen, aber vermeiden sie täglich zuckerhaltige Getränke und Alkohol.
9. Nehmen Sie 5 kleine statt 3 große Mahlzeiten täglich ein.
10. Kochen Sie Speisen so kurz wie möglich. Verwenden Sie dabei wenig Wasser und Fett.

5 DIE CRASH DIÄT

Die 7 Tage Crash- Diät kurbelt den Stoffwechsel im Körper sofort an, sodass das ungeliebte Fett innerhalb einer Woche förmlich weg schmilzt. Mit den gesunden, vitaminreichen Rezepten können Sie sich so richtig satt essen und das so oft wie Sie mögen. Wie kommt es zur Gewichtsabnahme bei der Crash Diät? Die Inhaltsstoffe der Suppe sind alle für den Körper schwer verdaulich. Aufgrund des größeren Leistungsbedarfs des Körpers bei der Verdauung der kalorienarmen Inhaltsstoffe kommt es automatisch zu einer Gewichtsreduzierung.

Die Zutaten:
1 großer Weißkohl
3 Dosen Pizza- Tomaten (oder 8 enthäutete Tomaten)
1 kg Karotten
6 rote oder weiße Zwiebeln (oder 1 Bund Lauchzwiebeln)
2 frische Paprikaschoten (ersatzweise auch Tiefkühlprodukt)
1 Bund Staudensellerie
1/2 Sellerie- Knolle
1 Bund Petersilie
3 El Tomatenmark
Gemüsebrühe/ Geflügelbrühe/ Rinderbrühe (absolut sparsam verwenden!)
Salz unbedingt vermeiden!!!
Gewürze zum Abschmecken (je nach Geschmack verwenden):
Pfeffer, Cayennepfeffer, Chili, Kümmel, frisch gehackte Kräuter, etc. ...

Die Zubereitung: Einfach und schnell
Gemüse putzen und waschen, ggf. mit dem mit einem Sparschäler schälen und portionsweise grob zerkleinern. Alles in einen Topf mit Wasser geben und 20 Minuten gar kochen. Würzen Sie so wie es Ihnen schmeckt, mit Chili, Pfeffer, Muskat usw. nur Salz sollten Sie vermeiden.

DER 7 TAGE PLAN ZUR Crash Diät
1. Tag: Essen Sie ausschließlich Suppe. Zusätzlich ist Obst erlaubt, aber verzichten Sie bitte auf Bananen, Honigmelonen, Pflaumen und Kirschen.
2. Tag: Grundlage ist die Suppe, zusätzlich rohes Gemüse und Salat ohne Dressing (Möhren, Kohlrabi, etc.). Kein Obst! Am Abend essen Sie eine große Backkartoffel (Baked Potatoe) mit einem Teelöffel Butter essen.

3. Tag: Essen Sie wieder viel Suppe, dazu Obst und Gemüse. Wenn nicht geschummelt wurde, werden Sie jetzt nach 3 Tagen um 2- 3 Kilos leichter sein!

4. Tag: Heute dürfen Sie zusätzlich zur Suppe 3 Bananen essen und 0,25 l Magermilch (1,5% Fett, alternativ 250 g fettarmen Joghurt) trinken. Wichtig: Bananen und Milch sind kalorien- und kohlenhydratreich, da ab heute Ihr Körper Kalium, Kohlenhydrate, Eiweiß und Kalzium benötigt, um den Drang nach Süßigkeiten zu verhindern.

5. Tag: Heute verzichten Sie wieder komplett auf Obst und Gemüse. Essen zusätzlich zur Suppe ca. 250 g Hühnerbrust oder Fisch, in wenig Fett angebraten, dazu 6 Tomaten.

6. Tag: Essen Sie die Suppe, zusätzlich 1 Steak und grünes Gemüse (in Wasser gekocht), Salat ohne Öl.

7. Tag: Essen Sie zusätzlich zur Suppe Vollkornreis, Gemüse, 1/4 Liter Obstsaft.

Wenn Sie nicht geschummelt haben, haben Sie heute 5- 8 Kilos geschafft!

Grundsätzlich gilt: Während der Diät darf man von der Kohlsuppe soviel essen wie man will, also immer wenn der Hunger kommt, den Suppenteller voll machen. Zusätzlich darf man an drei Diät-Tagen Obst vertilgen. An den anderen Tagen gibt es als Beilagen mal Salat, mal grünes Gemüse, Tomaten, Kartoffeln, Vollkornreis, mageres Fleisch oder Fisch.

Viel Trinken bei der Crashdiät!

Die Kohlsuppe enthält sehr wenig Mineralstoffe und Eiweiße die so dem Körper während der Kohlsuppen Diät entzogen werden. Achten Sie darauf besonders viel zu trinken. 2 bis 3 Liter am Tag. Am besten Wasser, schwarzer Kaffe oder ungesüßte Tees. Eiweißgetränke oder Vitaminstoffpillen können während der Diät nicht schaden, denn durch die geringe Zunahme an Mineralstoffen und Eiweißen wird während der Diät nicht das Fett verbrannt, sondern die Muskelmasse reduziert sich.

Kein Alkohol!- Diese Diät dient dazu, um schnell Fett zu verbrennen. Der Trick dabei ist, dass mehr Kalorien verbrannt werden, als Sie zu sich nehmen. Deshalb dürfen Sie auch keinen Alkohol trinken, denn Ihr Körper macht einen Prozess durch, bei dem gespeichertes Fett verbrennt.

WICHTIG!- Wenn Sie nach einer Woche mehr als 7 kg abgenommen haben, müssen Sie eine diätfreie Pause von 7 Tagen einlegen, bevor Sie erneut mit dem Fasten beginnen.

Wenn Sie mit dem Diätprogramm weiter machen, wird Ihr Körper gereinigt und Sie werden sich gesund fühlen wie wahrscheinlich schon lange nicht mehr. Dieses Programm von 7 Tagen können Sie öfter wiederholen. Aus Erfahrung wissen wir, dass einem die Suppe leider nach einer Woche aus dem Halse hängt.
Tipp: Ernähren Sie sich in der 2. Woche gesund und abwechslungsreich, und vor allem fettarm! Oder starten Sie mit einer neuen Diät aus diesem Programm!
Entscheidend für den Erfolg ist: Die geistige Einstellung bzw. der feste Vorsatz, abnehmen zu wollen und die Diät kompromisslos durchzuführen.
Nie Brot, Alkohol, Limonade, auch nicht   Diätlimonade! Trinken Sie nur Tee, Kaffee, Obstsaft, fettarme Milch, alles ohne Zucker.
Vergessen Sie nicht: Je mehr Suppe Sie essen, umso mehr Fett wird verbrannt. Keine frittierten Speisen essen! Statt Fleisch können Sie auch Fisch oder Hähnchen essen (jedoch ohne Haut).
Zeichnen Sie bei einem längeren eine Gewichtskurve; wiegen Sie sich nur zweimal pro Woche, streben Sie bei großem Übergewicht eine Gewichtsreduktion, die über 20 kg hinaus geht, eher im langsamen Tempo an (über einen Zeitabschnitt von ca. ½ Jahr); Erwiesenermaßen wird auf diese Weise der erzielte Erfolg stabiler.

6 Die RHYTMISCHE 3 TAGE DIÄT

In einer Woche bis zu 3 Kilo abnehmen??? Die rhythmische 3 Tage-Diät hat in der Tat eine etwas seltsam anmutende Zusammensetzung, aber es handelt sich um eine Diät, die schon von vielen ausprobiert wurde und von der man weis, dass sie Ergebnisse bringt. Diese basieren darauf, dass der Körper durch den ständigen 3 Tage Diät und 4 Tage normal Rhythmus nicht auf Sparflamme schaltet. Selbstverständlich können Sie zur Geschmacksverbesserung beliebige Gewürze einsetzen (nur mit dem Salz haushalten), da diese kalorienarm sind. Insbesondere die scharfen Gewürze regen den Stoffwechsel an. Wichtig trinken Sie täglich mindestens 2 Liter Flüssigkeit (Tee / Wasser). Das Vanilleeis im Diätplan sorgt zumindest für etwas Befriedigung des Heißhungers auf Süßes.

Nach Beendigung der ersten 3 Tage der Diät können Sie die darauf folgenden 4 Tage normal, das heißt ohne zu übertreiben, essen. Nach diesen 4 Tagen können Sie die Diät wiederholen, solange Lust und Laune ausreichen.

Erster Diät Tag
Frühstück
Schwarzer Kaffee oder Tee
1 Scheibe Toastbrot
2 Tl Erdnussbutter

Mittagessen
Schwarzer Kaffee oder Tee
1 Dose Thunfisch im eigenen Saft
1 Scheibe Toastbrot

Abendessen
100 g beliebiges Fleisch
1 Tasse grüne Bohnen
1 Tasse beliebiger Körner (Mais, Reis, etc.)
1 kleiner Apfel
1 Becher Vanilleeis

Zweiter Diät Tag
Frühstück
Schwarzer Kaffee oder Tee
1 Scheibe Toastbrot
1 hartgekochtes Ei
½ Banane

Mittagessen
1 Becher Quark
5 gesalzene Cräcker

Abendessen
2 heiße Würstchen
1 Tasse Brokkoli
1 Bund rohe Möhren
½ Banane
½ Becher Vanilleeis

Dritter Diät Tag
Frühstück
Schwarzer Kaffee oder Tee
5 gesalzene Cräcker
1 Scheibe Goudakäse
1 kleiner Apfel

Mittagessen
1 hartgekochtes Ei
1 Scheibe Toastbrot

Abendessen
1 Dose Thunfisch im eigenen Saft
1 Tasse beliebiger Körner (Mais, Reis, etc.)
1 Blumenkohl
1 Melone

Vierter bis Siebter Diät Tag:
Einfach normal Essen!

7 DIE LOW CARB DIÄT

Auf dem Ernährungsplan der abwechslungsreichen Low Carb US- Erfolgsdiät stehen leckere Rezepte mit Fleisch, Fisch und Gemüse, mit denen der Körper in einer Woche mehr Kalorien verbrennt als zugeführt werden. Durch ausgewogene Mahlzeiten und Zwischensnacks bleibt der quälende Heißhunger aus, die Pfunde purzeln automatisch, sodass Sie sich endlich wieder in Ihrer Haut wohl fühlen.

1. Low Carb Tag

Frühstück
2 Eier
1 EL frische Kräuter
Salz, Pfeffer
1 EL Öl
50 g magerer, gekochter Schinken
Die Eier mit den Kräutern verquirlen und mit Pfeffer und Salz würzen. In einer Pfanne das Öl erhitzen, den Schinken in Stücke schneiden und darin andünsten, dann die Eimasse darüber geben und ein Rührei zubereiten. Dazu Früchtetee trinken.

Zwischenmahlzeit
1 Scheibe Knäckebrot
1 TL Halbfettbutter/ Margarine
1 kleines Salatblatt
2 Scheiben Hähnchenbrust in Aspik
30 g Obst zum Garnieren
Knäckebrot mit Halbfettbutter streichen, mit Salatblatt und den Aspikscheiben belegen. Mit dem Obst garnieren. Dazu Matetee trinken.

Mittagessen
1 Kalbsschnitzel (100 g)
3 Tomaten
1/ 2 Kugel fettreduzierter Mozzarella
1 kleine Knoblauchzehe
frisches Basilikum
Salz, Pfeffer
1 EL Öl
Knoblauch abziehen und kleinschneiden. Tomaten klein schneiden. Mozzarella in Scheiben, die Basilikumblätter in Streifen schneiden. Kalbsschnitzel flach klopfen, salzen, pfeffern und im heißen Öl kurz anbraten. Knoblauch zugeben und nochmals 3- 5 Minuten zusammen braten.

Das Öl mit den Knoblauchstückchen in eine Auflaufform geben. Das Schnitzel hineinlegen, die kleingeschnittenen Tomaten würzen und auf dem Schnitzel verteilen. Mit Mozzarellascheiben belegen. Bei 200°C im Ofen 5-8 Minuten überbacken bis der Käse schmilzt. Dazu Früchtetee trinken.

Zwischenmahlzeit
150 g fettarmer Joghurt
2-3 EL Kräuter
Zitrone, Pfeffer, Salz
Joghurt mit Kräutern verrühren. Mit Zitrone, Pfeffer und Salz abschmecken. Dazu Matetee trinken.

Abendessen
1 Möhre
1 Kohlrabi
1 Stängel Staudensellerie
1/2 Salatgurke
1 rote Paprika
2 Radieschen
1 Apfel
20 g geriebener Parmesan
1 EL Öl
1-2 TL Essig
Pfeffer, Salz
Das Gemüse waschen, und putzen und mit dem Sparschäler schälen. Möhre in dünne, Kohlrabi in etwas dickere Stifte, Staudensellerie in Scheibchen, Salatgurke in Scheiben und Paprika in Streifen schneiden. Die Radieschen vierteln, den Apfel von Stielansatz und Kerngehäuse befreien und in Spalten schneiden. Alles in einer Schüssel anrichten. Den Käse auf darüber streuen und mit Walnusskernen garnieren. Aus Öl und Essig ein Dressing zubereiten, mit Pfeffer und Salz abschmecken und über den Salat träufeln. Dazu Matetee trinken.

2. Low Carb Tag

Frühstück
1 Apfel
1 Kiwi
200 g fettreduzierter körniger Frischkäse
Den Apfel vom Kerngehäuse befreien und zerkleinern. Die Kiwi mit einem Universalschäler schälen und in Scheiben schneiden. Die Früchte unter den körnigen Frischkäse heben. Dazu Früchtetee trinken.

Zwischenmahlzeit
1/2 Bund Radieschen
150 g Joghurt, 3,5 % Fett
Salz, Pfeffer
½ Bund Schnittlauch
Radieschen putzen, waschen und zerkleinern. Joghurt zugeben und weiterdrehen. Schnittlauch in Röllchen schneiden und zugeben. Mit Salz und Pfeffer würzen. Dazu Matetee trinken.

Mittagessen
1 Bratwurst (100 g)
1 EL Öl
2 EL mexikanische Sauce
1 rote Paprika
Die Bratwurst in heißem Öl rundherum braun braten. Zum Entfetten mit Küchenkrepp abtupfen. Mit 2 EL mexikanischer Sauce anrichten. Die Paprikaschote waschen, halbieren, putzen, in Streifen schneiden und als Rohkost dazu essen. Dazu Früchtetee trinken.

Zwischenmahlzeit
150 g fettarmer Joghurt
1 EL Müsli
Joghurt mit Müsli gut verrühren. Dazu Matetee trinken.

Abendessen
100 g Bündnerfleisch
1/2 Kugel fettreduzierter Mozzarella
1 EL Öl
1 TL Essig
Salz, Pfeffer
½ Knoblauchzehe
2 TL gemischte Kräuter

1 Frühlingszwiebel
Mozzarella in Scheiben schneiden und mit dem Bündnerfleisch auf einem Teller fächerartig anrichten. Knoblauch abziehen und pressen. Öl, Essig, Salz, Pfeffer, Knoblauch und Kräuter in eine Schüssel geben und zu einer Vinaigrette rühren. Die Frühlingszwiebel putzen, waschen und mit etwas Grün in feine Ringe schneiden. Die Vinaigrette über Fleisch und Mozzarella träufeln und mit Frühlingszwiebeln bestreuen. Dazu Matetee trinken.

3. Low Carb Tag
Frühstück
1 Scheibe Pumpernickel
10 g Halbfettbutter/ Margarine
2 Scheiben Putenbrustwurst
1/4 Beet Kresse
1 hartgekochtes Ei
1Glas Gemüsesaft
Pumpernickel mit Butter bestreichen, mit Putenbrust belegen und mit Kresse garnieren. Ei in Scheiben schneiden. Dazu 1 Ei essen und Gemüsesaft trinken. Zusätzlich Früchtetee trinken.

Zwischenmahlzeit
150 g Diätjoghurt nach Wahl
1 TL Müsli
Müsli mit dem Joghurt verrühren. Dazu Matetee trinken.

Mittagessen
150 g Rotbarsch-Filet (frisch oder TK)
1 große Möhre
1 Stängel Staudensellerie
50 g Lauch
1 TL Öl
Pfeffer, Salz
1/8 l Gemüsebrühe (Instant)
50 g Saure Sahne
1 TL mittelscharfer Senf
Frisches Fischfilet kurz abspülen, trocken tupfen und mit Zitronensaft beträufeln. TK- Fisch antauen lassen, dann in Zitronensaft marinieren. Das Gemüse waschen und putzen, Möhre mit einem Universalschäler schälen, dann in feine Stifte schneiden. Den Lauch und die Staudensellerie in Scheibchen schneiden.

Das Gemüse mit 1 TL Öl kurz andünsten. Rotbarsch trocken tupfen, mit Salz und Pfeffer würzen und auf das Gemüse legen. Die Gemüsebrühe hinzufügen und bei schwacher Hitze ca. 15 Minuten garen. Fischfilet zwischendurch vorsichtig mit einem Pfannenwender wenden. Saure Sahne mit 1 TL Wasser und Senf verrühren, mit Pfeffer und Salz abschmecken. Fischfilet auf dem Gemüse anrichten, die Senf-Sauce dazu servieren. Dazu Mineralwasser trinken.

Zwischenmahlzeit
100 g Ananas
50 g fettreduzierter körniger Frischkäse
1 TL Rosinen
Ananas zerkleinern. Frischkäse und Rosinen zufügen und vermischen. Mit Süßstoff abschmecken. Dazu Matetee trinken.

Abendessen
1/2 Kopf Salat
1 Frühlingszwiebel
4-5 Radieschen
1 hartgekochtes Ei
1 Scheibe gekochten Schinken
1 Scheibe Käse
1/ 4 Beet Kresse
2 TL Öl
1 TL Essig
1 TL Senf
Salz, Pfeffer
Den Salat waschen, trocknen und in mundgerechte Stücke zupfen. Die Frühlingszwiebel in Ringe, die Radieschen in Scheiben schneiden. Das Ei achteln. Den Schinken würfeln und die Käsescheiben in Streifen schneiden. Alles auf einem Teller anrichten und mit Kresse bestreuen. Aus Öl, Essig und Senf ein Dressing zubereiten und mit Salz und Pfeffer abschmecken und über den Salat träufeln. Dazu Matetee trinken.

4. Low Carb Tag
Frühstück
2 Eier
1 EL Öl
Salz, Pfeffer
1 Scheibe Pumpernickel
2 Tomaten
Das Öl in einer Pfanne 28 cm erhitzen und darin die Eier als Spiegeleier zubereiten. Die Spiegeleier leicht salzen und pfeffern und auf das Pumpernickel setzen. Dazu die Tomaten essen und Früchtetee trinken.

Zwischenmahlzeit
0,2 l Tomatensaft
Zitronensaft
Pfeffer, Salz
1 Scheibe Knäckebrot
Tomatensaft mit Zitronensaft, Pfeffer und Salz abschmecken. Dazu eine Scheibe Knäckebrot essen und Matetee trinken.

Mittagessen
300 g Schwarzwurzeln
1 EL Mehl
1 EL Essig
1 Msp. Salz
2 TL Essig
50 g Schmand
1 EL feingehackte Petersilie
100 g mageres Rinderhackfleisch (Tartar)
1 kleine Zwiebel
Pfeffer, Paprika, Salz
1 EL Petersilie
2 TL Öl
Schwarzwurzeln unter fließendem, kaltem Wasser bürsten, mit einem Sparschäler schälen und waschen. Mehl mit Essig und Wasser verrühren, die Schwarzwurzeln hineinlegen und ca. 15 Minuten ziehen lassen und in mundgerechte Stücke schneiden. 1/2 l Wasser mit 1 Msp. Salz und 2 TL Essig zum Kochen bringen, die Schwarzwurzeln darin gut 30 Minuten kochen lassen. Zwiebel schälen und zerkleinern. Inzwischen Rinderhack mit Zwiebelstückchen vermischen, gut würzen, vier kleine Frikadellen daraus formen und diese mit etwas Öl in einer Pfanne braten. Schwarzwurzeln abgießen, von dem Kochwasser 5 EL zurückbehalten und in einen Topf geben.

Den Schmand unterrühren und erhitzen, die Schwarzwurzeln in die Sauce geben, mit Salz, etwas Zucker und Pfeffer abschmecken. Dazu Mineralwasser trinken.

Zwischenmahlzeit
50 g Himbeeren
100 g Magerquark
3 EL Buttermilch
Zitrone
Himbeeren waschen, putzen und zerkleinern. Quark und Buttermilch zufügen und cremig rühren. Mit Zitrone abschmecken. Dazu Matetee trinken.

Abendessen
1 Scheibe Vollkorn- Toastbrot
1 Tomate
3 Scheiben kräftigen Käse
20 g dünn geschnittener Bacon oder Schwarzwälder Schinken
Petersilie
Die Brotscheibe kurz antoasten. Die obere Hälfte der Tomate abschneiden und würfeln. Den Käse in 2 cm breite Streifen schneiden. Den Bacon knusprig anbraten. Die Tomate mit Käsestreifen belegen. Die Toastscheibe mit Bacon und den restlichen Käsestreifen belegen, mit Tomatenwürfeln und etwas Petersilie bestreuen und bei 200° C im vorgeheizten Backofen überbacken. Dazu Matetee trinken.

5. low carb Tag
Frühstück
2 Scheiben Vollkorn-Toastbrot
ein Paar Salatblätter und Radieschen
30 g magerer Frühstücksspeck/ Schwarzwälder Schinken
25 g fettreduzierter Schmelzkäse
1 EL Tomatenketchup
1 Gurkenscheibe
Den Frühstücksspeck in der Pfanne knusprig anbraten. Radieschen putzen, waschen und in Scheiben schneiden. Toastbrotscheiben leicht toasten und mit Schmelzkäse bestreichen. Eine Scheibe mit Salatblättern, angebratenem Frühstücksspeck, Radieschenscheiben belegen, etwas Tomaten-Ketchup darüber geben, die zweite Scheibe Toastbrot darauf legen, mit einer Gurkenscheibe garniert servieren. Dazu Früchtetee trinken.

Zwischenmahlzeit
1 gelbe Paprika
100 g Magerquark
1 EL Saure Sahne
1 EL Zitronensaft
1 TL italienische Kräuter
Petersilie, Knoblauch
Salz, Pfeffer
Von der Paprikaschote einen Deckel abschneiden und diesen fein würfeln. Die Schote entkernen, waschen und gut abtropfen lassen. Quark, saure Sahne und Zitronensaft verrühren, mit Kräutern, Knoblauch, Salz und Pfeffer pikant würzen. Den Quark in die Paprikaschote füllen und mit einigen Paprikawürfeln bestreuen. Dazu Matetee trinken.

Mittagessen
150 g Fischfilet
10 g Butter
1 feingehackte Zwiebel
1 EL Semmelbrösel
150 g Tomaten
1/ 2 Kugel fettreduzierten Mozzarella
1 EL Petersilie
frisches Basilikum
Einen Teil der Butter in einer Pfanne erhitzen und das Fischfilet darin kurz anbraten. Eine Auflaufform mit Butter einfetten und das Filet hineinlegen. Schalotte zerkleinern und in der Pfanne andünsten. Die Semmelbrösel und die Petersilie unter die Zwiebelwürfel mischen. Die Bröselmischung über das Fischfilet geben. Die Tomaten und Mozzarella in Scheiben schneiden und im Wechsel mit den Tomatenscheiben auf dem Fisch verteilen. Im Backofen bei 200°C überbacken, bis der Mozzarella geschmolzen ist. Mit Basilikum garnieren. Dazu soviel wie möglich Mineralwasser trinken.

Zwischenmahlzeit
1/2 Grapefruit
150 g fettarmer Joghurt
1 EL Leinsamen
Grapefruit aus der Schale lösen und zerkleinern. Leinsamen und Joghurt zufügen. Mit Süßstoff abschmecken. Dazu Matetee trinken.

Abendessen
1 Bund Rucola
2 Tomaten
1 Kugel fettreduzierten Mozzarella
1 EL Öl
Salz, Pfeffer
Rucola waschen und trocknen. Tomaten waschen, Mozzarella abtropfen lassen, beides in Scheiben schneiden und fächerartig anrichten. Rucola darüber streuen. Mit Salz und Pfeffer würzen und mit Öl beträufeln. Dazu Matetee trinken.

6. Low Carb Tag
Frühstück
1 Scheibe Pumpernickel
10 g Halbfettbutter
1 Tomate
1 hartgekochtes Ei
1/4 Beet Kresse
Ei und Tomate in Scheiben schneiden. Brot mit Butter bestreichen, mit Tomaten und den Eischeiben belegen und mit Kresse garnieren. Dazu Früchtetee trinken.

Zwischenmahlzeit
100 g fettarmer Joghurt
50 g Krabben
Zitronensaft
Curry, Dill
Krabben zerkleinern und den Joghurt zugeben. Mit Zitronensaft, Curry und fein geschnittenen Dill pikant abschmecken. Dazu Matetee trinken.

Mittagessen
1 Kopf Romanesco, ersatzweise 1 kleiner Blumenkohl
1 EL Butter
1 Frühlingszwiebel mit Grün
15 g Mehl
3 EL fettarme Milch
Pfeffer, Muskat
125 ml Gemüsebrühe (Instant)
30 g fettreduzierte Salami
20 g geriebener Käse
Den Romanesco in Röschen teilen und mit Salzwasser bedeckt garen.

Abgießen und den Sud auffangen. Frühlingszwiebel in Ringe schneiden und in heißer Butter andünsten, mit Mehl bestäuben und alles unter Rühren hell anschwitzen, mit Milch ablöschen, verrühren und unter weiterem Rühren etwa 125 ml Gemüsebrühe zugeben. Zwischendurch immer wieder aufkochen lassen. Mit den Gewürzen abschmecken. Das Gemüse in eine Auflaufform geben, die Salamischeiben zu Tütchen drehen und dazwischen stecken, die Sauce darüber verteilen und das Ganze mit Käse bestreuen. Im vorgeheizten Backofen bei 200°C überbacken, bis der Käse schmilzt. Dazu Mineralwasser trinken.

Zwischenmahlzeit
1 Scheibe Knäckebrot
1 TL Halbfettbutter
2 Scheiben Putenbrust in Aspik
Knäckebrot mit Halbfettbutter bestreichen und mit Putenbrust belegen. Dazu Matetee trinken.

Abendessen
1 kleine Möhre
1 Frühlingszwiebel
etwas Staudensellerie
1/2 Tl Butter
1/2 Glas Fischfond
100 g frischer Lachs (ersatzweise TK- Produkt)
50 g Schmelzkäse Sahne
2 EL Weißwein
1/2 TL Stärke
Salz, weißer Pfeffer, Muskat, Dill
Möhren mit einem Sparschäler schälen. Möhren, Lauch und Sellerie getrennt zerkleinern und alles in heißer Butter andünsten. Mit Fischfond aufgießen. 5 Minuten auf kleiner Flamme köcheln lassen. Lachs in mundgerechte Stücke schneiden, in die Suppe geben und 5 Minuten ziehen lassen. Schmelzkäse einrühren. Etwas Stärke mit Wein verrühren, an die Suppe geben und kurz aufwallen lassen. Mit Salz, Pfeffer und Muskat abschmecken und anschließend mit Dill garnieren. Dazu Matetee trinken.

7. Low Carb Tag

Frühstück
1 Scheibe Vollkornbrot
10 g Halbfettbutter
2 Scheiben Käse
1 Tomate
1/2 Bund Radieschen
0,2 l Tomatensaft
Die Hälfte der Radieschen waschen, putzen und in Scheiben schneiden. Tomate und einige Radieschen in Scheiben schneiden. Brot mit Butter bestreichen und mit Käse, Tomaten- und Radieschenscheiben belegen. Restliche Radieschen dazu essen.
Tomatensaft mit Pfeffer abschmecken und zu dem Brot servieren.
Dazu Früchtetee trinken.

Zwischenmahlzeit
1 Scheibe Knäckebrot
1 TL Halbfettbutter
2 Scheiben magerer, gekochter Schinken
1/2 Bund Radieschen
Die Hälfte der Radieschen waschen, putzen und in Scheiben schneiden. Knäckebrot mit Halbfettbutter bestreichen. Mit Schinken und Radieschenscheiben belegen. Die restlichen Radieschen dazu servieren. Dazu Matetee trinken.

Mittagessen
1 Forelle à 250 g (frisch oder TK)
1/4 Bund Suppengrün
1/2 Zwiebel
1 Lorbeerblatt
2 Pfefferkörner
0,25 l Fischfond
Salz
2 Kartoffeln
Dill
Suppengrün putzen. Zwiebel schälen. Beides grob zerkleinern. Mit Lorbeerblatt und Pfefferkörner in 1 l Wasser zum Kochen bringen. Fischfond zugeben und den Sud 30 Minuten auf kleiner Stufe köcheln lassen. Während dessen die Kartoffeln mit einem Sparschäler schälen und in Salzwasser garen.

Bei dem Sud die Hitze zurücknehmen, die Forelle vorsichtig in das heiße Wasser legen und ca. 15 Minuten ziehen lassen. Mit den Kartoffeln und etwas frischem Dill servieren. Dazu Mineralwasser trinken.

Zwischenmahlzeit
1 Apfel
Dazu Matetee trinken.

Abendessen
1 Stängel Staudensellerie
1/2 Apfel
3 Scheiben Käse
1 Möhre
2 Walnüsse
25 g Feta- Käse
50 g fettarmer Joghurt
Salz, Pfeffer, Zitronensaft
Staudensellerie putzen, waschen und in Stücke, die Apfelhälfte in Spalten, die Möhre mit einem Sparschäler schälen, waschen und in Stifte, die Käsescheiben in Streifen schneiden, die Walnüsse grob hacken. Sellerie mit Grün, Äpfel, Möhren und Käse anrichten und mit gehackten Walnüssen bestreuen. Den Feta und den Joghurt cremig rühren, mit Salz, Pfeffer und etwas Zitronensaft abschmecken und über den Salat geben. Dazu Matetee trinken.

8   DIÄTPLAN DER „INSTITUT DIÄT"

Die sensationelle Institut- Diät wurde von Ernährungswissenschaftlern entwickelt, um gezielt bis zu 10 Kilo in 2 Wochen zu verlieren und in einem Zeitraum von 3 Jahren dauerhaft schlank zu bleiben. Die Diät verändert den Stoffwechsel, sodass sich der Körper aktiv gegen eine erneute Gewichtszunahme wehrt. Sie müssen nur 2 Wochen durchhalten, um einen Dauererfolg zu erzielen. Bei exakter Durchführung verlieren Sie in nur 2 Wochen bis zu 9 kg Gewicht. Unser Selbstversuch hat immerhin stolze 6,5 Kg gebracht.
Aufgrund der Kürze und der Einfachheit des Diätplanes ist er super zu befolgen und einzuhalten:

1. Institut Tag:
Frühstück: Kaffee schwarz ohne Zucker in beliebiger Menge.
Mittagessen: 2 gekochte Eier, Spinat wenig gesalzen.
Abendessen: 1 großes Steak gegrillt oder 3 Beefsteaks gebraten, grüner Salat und Sellerie, soviel Sie möchten.

2. Institut Tag:
Frühstück: Kaffee schwarz ohne Zucker und 1 trockenes Brötchen.
Mittagessen: 1 großes Steak, grüner Salat und jegliche Art von Früchten soviel Sie möchten.
Abendessen: Gekochter Schinken, soviel Sie möchten.

3. Institut Tag:
Frühstück: Kaffee schwarz ohne Zucker und 1 trockenes Brötchen.
Mittagessen: 2 gekochte Eier, Salat und Tomaten, soviel Sie möchten.
Abendessen: Gekochter Schinken und grüner Salat, soviel Sie möchten.

4. Institut Tag:
Frühstück: Kaffee schwarz ohne Zucker und 1 trockenes Brötchen.
Mittagessen: 1 gekochtes Ei, Mohrrüben gekocht oder roh und Käse, soviel Sie möchten.
Abendessen: Ost und Natur-Joghurt, soviel wie Sie möchten.

5. Institut Tag:
Frühstück: Kaffe schwarz und Möhren mit Zitrone.
Mittagsessen: Gedünsteter Fisch und Tomaten, soviel Sie möchten.
Abendessen: 1 Steak und grüner Salat, soviel wie Sie möchten.

6. Institut Tag:
Frühstück: Kaffee schwarz und 1 trockenes Brötchen.
Mittagsessen: Gegrilltes Hähnchen, soviel Sie möchten.
Abendessen: 2 gekochte Eier und Möhren, soviel wie Sie möchten.

7. Institut Tag:
Frühstück: Tee mit Zitrone
Mittagsessen 1 gegrilltes Steak, Obst nach Wahl, soviel Sie mögen
Abendessen: Frei nach Wahl - was immer Sie mögen- Kochen Sie einfach Ihr Lieblingsgericht z.b. Spaghetti, Pizza, Braten, alles ist erlaubt!
Vom 8. Tag an beginnt die Diät von vorne, eine weitere Woche, dann dürfen Sie wieder normal weiter essen.
UND WIE IMMER- Alkohol in jeglicher Form ist während der Diät streng verboten.

9 10 PFUND IN 10 TAGEN

Mit der 10 Pfund in 10 Tagen Diät erzielen Sie einen sichtbaren Anti- Aging- Effekt. Durch natürliche Schönheitsvitamine wird die Haut gestrafft und die Haare erhalten einen seidigen Glanz. Sie nehmen gezielt ab und werden sich wie neugeboren fühlen. Bei dieser Diät können Mittagessen und Abendbrot nach Belieben ausgetauscht werden, jedoch nur am selben Tag. Halten Sie sich strikt an diesen Plan, dann können Sie je nach Ausgangsgewicht in 10 Tagen 10 Pfund abnehmen.
Bitte verwenden Sie möglichst nur mageres Fleisch, weniger Schweinefleisch und für die Wahl des Brotes empfiehlt sich Vollkornbrot.
Erlaubt ist fast jede Menge Kaffee oder Tee ohne Milch und Zucker, sowie natürlich Mineralwasser.
Die Kur sollte erst nach einer Pause wieder durchgeführt werden, wir empfehlen bei weiterem Abnahmewunsch auf eine andere Diät umzusteigen.

1. Pfundstag
Frühstück:
1 - 2 Tassen Kaffee oder Tee
1 Scheibe Brot, dünn mit Butter oder Margarine bestreichen
1 gekochtes Ei
1 Apfel

Mittag:
1 Scheibe Fleisch max. 200 g
beliebig Gemüse
2 kleine Kartoffeln
1 Glas Buttermilch
1 Südfrucht

Abendbrot:
2 Scheiben Brot
100 g Schinken ohne Fett
1 Gewürzgurke
1 Glas Saft

2. Pfundstag
Frühstück:
1 - 2 Tassen Kaffee oder Tee
2 Scheibe Brot, dünn mit Butter oder Margarine bestreichen
1 Esslöffel Marmelade

Mittag:
1 mageres Schnitzel oder 2 Scheiben Leber gegrillt
2 Esslöffel Kartoffelsalat
1 große Portion grünen Salat
1 Südfrucht oder Apfel

Abendbrot:
2 Scheiben Brot
250 g Magerquark herb oder süß
1 Glas Saft
1 Südfrucht oder Apfel

3. Pfundstag
Frühstück:
1 - 2 Tassen Kaffee oder Tee
1 Scheibe Brot, dünn mit Butter oder Margarine bestreichen
1 Ecke mageren Käse
1 gekochtes Ei

Mittag:
1 Scheibe Fleisch maximal 100 g
1 Suppenkelle Reis
1 große Portion Salat
1 Südfrucht oder Apfel

Abendbrot:
2 Scheiben Brot
100 g magere Wurst
1 Hörnchen oder Knäckebrot
1 Tasse Kaffee oder Tee

4. Pfundstag
Frühstück:
1 - 2 Tassen Kaffee oder Tee
1 Scheibe Brot, dünn mit Butter oder Margarine bestreichen
50 g Wurst
1 x Obst

Mittag:
1 Scheibe Fleisch maximal 200 g
2 Suppenkellen Gemüseeintopf
1 Glas Buttermilch
2 Scheiben Knäckebrot

Abendbrot:
2 Scheiben Brot
100 g Schinken ohne Fett
1 Gurke oder 2 kleine Tomaten
1 Glas Saft

5. Pfundstag
Frühstück:
N I C H T S
Mittag:
1 Fisch oder mageres Fleisch maximal 100 g
2 Esslöffel Kartoffelsalat oder 2 kleine Kartoffeln
1 Glas Saft oder Buttermilch

Abendbrot:
1 Stück Apfelkuchen
1 Stück Hefezopf
1 Tasse Kaffee oder Tee
1 Südfrucht oder Apfel

6. Pfundstag
Frühstück:
1 - 2 Tassen Kaffee oder Tee
2 Scheiben Brot, dünn mit Butter oder Margarine bestreichen
2 gekochte Eier

Mittag:
1 Fisch oder mageres Fleisch maximal 100 g
2 Kartoffelknödel
1 große Portion Salat
1 Glas Saft

Abendbrot:
2 Brötchen
100 g magere Wurst
1 Südfrucht oder Apfel

7. Pfundstag
Frühstück:
1 - 2 Tassen Kaffee oder Tee
2 Scheiben Brot, dünn mit Butter oder Margarine bestreichen
2 Esslöffel Marmelade

Mittag:
1 Portion gegrilltes Hähnchen ohne Haut
2 Esslöffel Kartoffelsalat
1 kleine Salatplatte
1 Südfrucht oder Apfel
2 Tassen Kaffee

Abendbrot:
2 Scheiben Brot
50 g mageren Käse
1 Salatgurke

8. Pfundstag
Frühstück:
1 - 2 Tassen Kaffee oder Tee
2 Brötchen mit 20 g Butter
1 Esslöffel Honig

Mittag:
1 Scheibe Hackbraten
2 kleine Kartoffeln
2 Suppenkellen Gemüse
1 Glas Saft

Abendbrot:
2 Scheiben Brot
250 g Magerquark
1 Tasse Kaffee oder Tee
1 Südfrucht oder Apfel

9. Pfundstag
Frühstück:
1 - 2 Tassen Kaffee oder Tee
1 Scheibe Brot
250 g magere Wurst
1 gekochtes Ei

Mittag:
2 Paar Wiener Würstchen
1 kleine Leberwurst oder Blutwurst
2 kleine Kartoffeln
beliebig viel Sauerkraut

Abendbrot:
2 Scheiben Brot
100 g magerer Schinken
1 Gurke
1 Glas Saft

10. Pfundstag
Frühstück:
1 - 2 Tassen Kaffee oder Tee
1 Scheibe Brot, dünn mit Butter oder Margarine bestreichen
50 g Emmentaler Käse
1 Südfrucht oder Apfel

Mittag:
1 Scheibe Fleisch 100 g
1 Suppenkelle Teigwaren
1 Portion Salat
1 Glas Saft oder Buttermilch

Abendbrot:
2 Scheiben Brot
100 g magere Wurst
1 gekochtes Ei
1 Tasse Kaffee oder Tee

10 DIE BUTTERMILCH DIÄT

Bestens für die schlanke Linie, denn Buttermilch wirkt bekanntlich sowohl von innen, als auch von außen. Buttermilch macht bekanntlich schön! Sie enthält alle wertvollen Milchbestandteile und fast kein Fett (Fettgehalt max. 1%) bei nur 35 kcal/ 100g. Bei dieser Diät sollten Sie zusätzlich zu angegebenen Getränken pro Tag mindestens 1,5 Liter Flüssigkeit trinken. Am besten eignen sich kalorienfreie Getränke wie Mineralwasser, Früchte- oder Kräutertee. Optimal ist auch Matetee. Er versorgt den Körper mit wichtigen Mineralien und dämpft den Hunger.

1. Buttermilch Tag
Frühstück:
1 Scheibe Vollkornbrot
50 g Magerquark
2 EL Buttermilch
1/2 Beet Kresse
Pfeffer
1 Msp. Meerrettich
1 hartgekochtes Ei
0,1 l Möhrensaft
0,1 l Buttermilch
Quark mit Buttermilch und gehackter Kresse verrühren, lecker abschmecken und auf dem Brot verteilen. Das Ei in Scheiben schneiden und auf dem Brot verteilen. Möhrensaft mit Buttermilch vermischen und trinken.

Zwischenmahlzeit:
0,1 l Orangensaft
0,1 l Buttermilch
2 TL Weizenkleie
Saft mit Buttermilch und Kleie verquirlen, kurz durchziehen lassen und trinken.

Mittagessen:
0,1 l Buttermilch
40 g Mehl
1 EL Weizenkeime
1 Ei
Salz, Pfeffer
1 EL Öl
1 Zwiebel

150 g frische Champignons
1 EL Petersilie
Buttermilch, Mehl, Weizenkeime und Ei gut verquirlen und mit Salz und Pfeffer abschmecken. In einer beschichteten Pfanne das Öl erhitzen. Die Pfannkuchenmasse zugeben, einen Pfannkuchen ausbacken, wenden und anschließend warm stellen. Zwiebel würfeln und in der Pfanne andünsten. Die geputzten und in Scheiben geschnittenen Champignons zugeben, kurz mitdünsten und anschließend auf dem Pfannkuchen verteilen und mit Petersilie bestreuen. Dazu Mineralwasser trinken.

Zwischenmahlzeit:
1 Kiwi
50 g Weintrauben
1 EL Weizenkeime
0,1 l Buttermilch
Kiwi schälen und in Würfel schneiden. Die Weintrauben halbieren und die Kerne entfernen. Buttermilch mit Weizenkeimen verquirlen, über die Früchte geben und mit Süßstoff abschmecken. Dazu Matetee trinken.

Abendessen:
200 g frisches Gemüse (z.B. Möhren, Paprika, Frühlingszwiebeln, Chicoree, Gurke, Zucchini)
60 g fettreduzierten Frischkäse
0,1 l Buttermilch
1 TL Petersilie
1 EL Mixed Pickles
1 TL Paprikapulver
1 kleine Chili-Schote
Pfeffer, Paprika
Gemüse waschen und putzen. Möhren halbieren, Paprika und Gurke in Streifen schneiden, vom Chicorée-Spross die äußeren Blätter bis auf den Strunk verwenden.
Für die Dips den Frischkäse mit der Buttermilch cremig rühren und in drei Portionen teilen. Eine Portion mit Petersilie verrühren.
Die zweite mit fein gehackten Mixed Pickles verrühren und mit Pfeffer abschmecken. Fein gewürfelte Paprikastücke, gehackte Chili und Frühlingszwiebelringe in die dritte Portion geben und mit Paprika und abschmecken. Die Dips kurz durchziehen lassen und zu dem Rohkostgemüse servieren. Dazu 1 Tasse Matetee trinken.

2. Buttermilch Tag

Frühstück:
2 Scheiben Knäckebrot
100 g Magerquark
6 El Sanddorn-Orangen-Nektar
1 Orange
0,2 l Buttermilch
Orange schälen und filetieren. Quark mit 4 El Sanddorn-Orangen- Nektar cremig rühren und auf die Knäckebrot verteilen und mit den Orangenfilets belegen. 2 El Sanddorn- Orangen-Nektar mit Buttermilch vermischen und trinken.

Zwischenmahlzeit:
0,1 l Buttermilch
0,1 l Gemüsesaft
Pfeffer, Salz, Knoblauch
1 Scheibe Pumpernickel
Buttermilch und Gemüsesaft vermischen, mit Pfeffer, Salz und Knoblauch abschmecken. Dazu eine Scheibe Pumpernickel essen.

Mittagessen:
250 g fettarmer Kefir
2 EL Haferflocken
125 g Erdbeeren
1 Kiwi
Zitrone
Süßstoff
Erdbeeren putzen, die Kiwi schälen und in Scheiben schneiden. Haferflocken unter den Kefir heben und kurz durchziehen lassen. Die Erdbeeren und die Kiwischeiben pürieren und unter den Kefir heben. Mit Zitrone und Süßstoff abschmecken. Dazu Mineralwasser trinken.

Zwischenmahlzeit:
0,2 l Buttermilch
1 EL Leinsamen
1 Apfel
Zimt, Zitronensaft
Apfel schälen und das Kerngehäuse entfernen. Buttermilch, Leinsamen und Apfel mit dem Mixer verquirlen, mit Zimt und Zitrone abschmecken.

Abendessen:
1 Scheibe Mischbrot
1 TL Halbfettbutter
30 g Roastbeef
0,2 l Buttermilch
2 EL fein gehackte Kräuter
Zitronensaft
Pfeffer
Brot mit Butter bestreichen und mit Roastbeef belegen.
Buttermilch mit Kräutern verquirlen und mit Zitrone und
Pfeffer abschmecken. Dazu 1 Tasse Matetee trinken.

3. Buttermilch Tag
Frühstück:
30 g Vollkorn-Müsli
3 EL Cornflakes
1 TL Sonnenblumen-Kerne
0,1 l Buttermilch
1 Orange
Müsli und Cornflakes mischen. Buttermilch darüber geben
und mit den Sonnenblumenkernen bestreuen. Orange
schälen, filetieren und auf dem Müsli anrichten. Dazu
Früchtetee trinken.

Zwischenmahlzeit:
0,2 l Buttermilch
1/2 Beet Kresse
Pfeffer, Salz
Zitronensaft
1 Scheibe Knäckebrot
Buttermilch mit der Kresse fein pürieren und mit Pfeffer und
Salz abschmecken. Dazu eine Scheibe Knäckebrot essen.

Mittagessen:
1/2 Salatgurke
1 Zwiebel
1/2 Bund Dill (ersatzweise TK- Produkt)
1/2 Knoblauchzehe
0,25 l Buttermilch
100 g Maiskörner aus der Dose
Salz, Pfeffer
1 Scheibe Pumpernickel
Gurke raspeln, die Zwiebel fein würfeln, den Dill klein
schneiden, die Knoblauchzehe pressen oder fein hacken.

Buttermilch zugeben, Maiskörner unterheben, mit etwas Salz und Pfeffer abschmecken. Kalt stellen und durchziehen lassen. Pumpernickel zerkrümeln und vor dem Servieren darüber streuen. Dazu Mineralwasser trinken.

Zwischenmahlzeit:
1 Scheibe Pumpernickel
50 g Magerquark
1 EL Buttermilch
2 EL Schnittlauchröllchen
Pfeffer, Salz
Quark mit Buttermilch cremig rühren, Schnittlauch unterheben, abschmecken und den auf dem Pumpernickel verteilen. Dazu 1 Tasse Matetee trinken.

Abendessen:
2 Scheiben Vollkornbrot
100 g Magerquark
4 EL Buttermilch
1/2 Knoblauchzehe
Salz
1/2 Bund Schnittlauch (ersatzweise TK- Produkt)
0,2 l Buttermilch
Quark mit Buttermilch cremig rühren. Knoblauch fein hacken, unter den Quark rühren und mit Salz abschmecken. Den Quark auf die Brotscheiben streichen und mit gekackten Schnittlauchröllchen belegen. Dazu ein Glas Buttermilch trinken.

4. Buttermilch Tag
Frühstück:
50 g Früchte-Vollkorn-Müsli
2 EL Cornflakes
1 kleiner Apfel
1 Banane
0,2 l Buttermilch
Zitronensaft
Süßstoff
Müsli und Cornflakes mischen, das Obst zerkleinern und unterheben. Buttermilch mit Zitronensaft und Süßstoff abschmecken und darüber gießen. Dazu Früchtetee trinken.

Zwischenmahlzeit:
100 g Beerenfrüchte (frisch oder TK- Produkt)
0,2 l Buttermilch
1 EL Haferflocken
Zitrone, Süßstoff
Beerenfrüchte und Haferflocken mit der Buttermilch im Mixer verquirlen, mit Zitronensaft und Süßstoff abschmecken.

Mittagessen:
1 große Baked Potatoe
100 g Magerquark
3-4 EL Buttermilch
1/2 Zwiebel
2 EL Schnittlauchröllchen (frisch oder TK- Produkt)
Kümmel, Salz, Pfeffer
Die Kartoffel in der Mikrowelle oder im Backofen nach Packungsanleitung garen. Den Quark mit Buttermilch cremig rühren, die gehackte Zwiebel, Schnittlauchröllchen und Kümmel unterheben, mit Salz und Pfeffer abschmecken und über die heiße Kartoffel geben. Dazu 1 Tasse Matetee trinken.

Zwischenmahlzeit:
50 ml roter Trauben-Saft
0,1 l Buttermilch
2 TL Weizenkleie
Süßstoff
Alles vermischen und mit Süßstoff abschmecken.

Abendessen:
2 EL Haferkörner
150 g Blumenkohlröschen (frisch oder TK- Produkt)
1/2 gelbe Paprika
1/2 rote Paprika
1/2 Kohlrabi
1 Möhre
100 g Sauerkraut
Basilikum
50 g Saure Sahne
0,1 l Buttermilch
1 Eßl. frische Kräuter (ersatzweise TK- Produkt)
Salz, Pfeffer
Haferkörner weich kochen. Das Gemüse putzen, waschen und in mundgerechte Stücke schneiden.

Sauerkraut abtropfen lassen. Die Blumenkohlröschen in Salzwasser wässern, dann kalt abbrausen. Das Gemüse auf einem Teller anrichten und mit den gekochten Haferkörnern bestreuen. Mit geschnittenem Basilikum garnieren. Die saure Sahne in einer Schüssel mit der Buttermilch verrühren. Die frischen Kräuter fein hacken, unterheben und abschmecken. Als Kräutersauce zum Gemüse servieren. Dazu 1 Tasse Matetee trinken.

5. Buttermilch Tag
Frühstück:
2 Scheiben Vollkorn-Reis-Snack
1 Tomate
Einige Salatblätter
1 hartgekochtes Ei
50 g Magerquark
Pfeffer, Salz
Schnittlauch
0,2 l Buttermilch
1/4 Beet Kresse
Zitronensaft
Tomate und Ei in Scheiben schneiden. Eine Scheibe Vollkorn-Reis-Snack mit Tomaten- und Eischeiben und Salatblättern belegen, die zweite Reisscheibe mit Magerquark bestreichen, würzen, mit Schnittlauchröllchen bestreuen. Buttermilch mit der gehackten Kresse verquirlen, mit Zitronensaft abschmecken und dazu trinken.

Zwischenmahlzeit:
1/2 Mango
0,2 l Buttermilch
1 EL Kleie
Süßstoff
Zitrone
Mango schälen, mit der Buttermilch und Kleie im Mixer gut verquirlen, mit Zitronensaft und Süßstoff abschmecken.

Mittagessen:
0,1 l Buttermilch
1 Ei
Salz
Süßstoff
40 g Weizenmehl
2 TL Öl
100 g Heidelbeeren (frisch oder TK- Produkt)
1/2 TL Zucker
Buttermilch mit dem Ei verquirlen, eine Prise Salz, ein paar Tropfen Süßstoff, das Mehl zugeben und verrühren. In einer beschichteten Pfanne das Öl erhitzen und einen Pfannkuchen backen. Heidelbeeren waschen, trocknen (oder TK- Produkt auftauen lassen), auf dem Pfannkuchen anrichten und mit Zucker bestreuen. Dazu 1 Tasse Matetee trinken.

Zwischenmahlzeit:
150 ml Buttermilch
2 Scheiben Ananas aus der Dose
1 TL Kokosflocken
1/2 TL Vanillezucker
Buttermilch, Ananas und Kokosflocken im Mixer oder mit dem Rührstab fein pürieren. Mit Vanillezucker abschmecken.

Abendessen:
1 Kohlrabi
2 Möhren
1 kleine gelbe Paprika
1 kleine grüne Paprika
1/2 Bund Radieschen
0,2 l Buttermilch
Salz
1 Tl Meerrettich aus dem Glas
1 EL gehackter Dill (frisch oder TK- Produkt)
Pfeffer
Zitronensaft
1 Scheibe Vollkorntoast
Kohlrabi und Möhren schälen, Paprika in Streifen schneiden. Radieschen halbieren. Buttermilch mit Salz, Meerrettich und Dill verrühren, mit Pfeffer und Zitronensaft abschmecken. Als Dipp zu den Gemüsestreifen servieren, dazu eine Scheibe Toast essen und 1 Tasse Matetee trinken.

11 DIE PROBIOTISCHE DIÄT

Probiotische Lebensmittel sind für die Gesundheit besonders wichtig.
Sie enthalten lebende Bakterien, in der Hauptsache Milchsäurebakterien, mit ganz besonderen Eigenschaften. Diese Bakterien beeinflussen die Gesundheit positiv. Sie stärken das Immunsystem und unterstützen die körpereigenen Abwehrkräfte. Zu den Probiotika zählen Joghurts mit speziellen Milchsäurebakterien, milchsauer vergorenes Gemüse und Brottrunk. Wichtig ist jedoch, dass die empfindlichen Milchsäurebakterien nicht durch eine Erhitzung abgetötet werden, deshalb sollte beim Konsum von Sauerkraut frische, nicht konservierte Ware bevorzugt werden. Die probiotische Diät ist reich an diesen gesunden Lebensmitteln. Diese Diät ist gut für die Figur und stärkt das Immunsystem. Während der Diät sollten Sie viel trinken, am besten kalorienfreie Getränke wie Mineralwasser und Tee. Ideal ist Matetee. Er enthält wichtige Mineralstoffe und stärkt das Immunsystem. Empfehlenswert ist Brottrunk. Das milchsauer vergorene Getränk enthält pro ml 3-5 Millionen probiotische Milchsäurebakterien und ist auch für Personen geeignet, die auf Milch allergisch reagieren.

1. Probiotischer Tag
Trinken Sie vor jeder Hauptmahlzeit ein Glas Brottrunk
Frühstück:
100 g rote und schwarze Johannisbeeren
50 g Cornflakes
1 EL Kleie
1 Limone
100 g Magerquark
100 g fettarmer Joghurt
1 Päckchen Vanillezucker
Johannisbeeren mit den Cornflakes und Kleie in einen tiefen Teller geben. Die Limone auspressen. Den Saft mit dem Quark und dem Joghurt cremig rühren und mit Vanillezucker süßen. Den Quark über das Müsli geben, mit etwas geraspelter Limonenschale bestreuen.

Zwischenmahlzeit:
0,15 l Möhrensaft
0,1 l Brottrunk
Salz, Petersilie
Möhrensaft mit Brottrunk verquirlen. Mit Selleriesalz abschmecken und mit fein gehackter Petersilie servieren.

Mittagessen:
50 g Nudeln, z.B. Makkaroni
1/2 Avocado
1 Zitrone
1 Tomate
50 g fettreduzierter Camembert
2 EL fettarmer Joghurt
frische Kräuter
Knoblauch
Salz, Pfeffer
1 Scheibe gekochter Schinken
Makkaroni in 3-4 cm lange Stücke brechen und in Salzwasser "al dente" kochen, abgießen, kalt abbrausen und auskühlen lassen. Avocado halbieren, den Kern herauslösen und das Fruchtfleisch in dünne Spalten schneiden. Sofort mit Zitronensaft beträufeln und auf einem Teller verteilen. Tomate halbieren, Stielansatz und Kerne entfernen und in kleine Würfel schneiden. Camembert würfeln. Alles mischen und anrichten. Joghurt mit Kräutern und Gewürzen abschmecken und über den Salat geben. Gut durchziehen lassen und mit einer Schinkenscheibe garnieren.

Zwischenmahlzeit:
0,15 l Gemüsesaft
0,1 l Brottrunk
Salz
Petersilie
1 Scheibe Pumpernickel
Gemüsesaft mit Brottrunk verquirlen, mit Salz abschmecken und mit Petersilie bestreut servieren. Dazu Pumpernickel essen.

Abendessen:
150 g frisches Sauerkraut
1 Zwiebel
1 Möhre
1 Stück Salatgurke (ca. 150 g)
1 Orange
1 EL Öl
1 EL Zitronensaft
1 Msp. Meerrettich
Salz, Pfeffer
1 Scheibe Vollkornbrot
0,1 l Brottrunk
Mineralwasser
Sauerkraut auseinander zupfen. Die Zwiebel grob würfeln. Die Möhre in Scheiben, die Salatgurke in mundgerechte Stücke schneiden. Orange schälen und filetieren. Alles miteinander mischen. Aus den übrigen Zutaten eine Sauce zubereiten und über den Salat geben. Gut durchziehen lassen. Dazu eine Scheibe Vollkornbrot essen. Dazu Brottrunk mit Mineralwasser trinken.

2. Probiotischer Tag
Frühstück:
100 g Erdbeeren
1 Pfirsich oder Nektarine
50 g Cornflakes
1 EL Leinsamen
150 g fettarmer Joghurt
Süßstoff
Erdbeeren waschen, putzen und halbieren. Pfirsich in Würfel schneiden. Cornflakes und Leinsamen in einen tiefen Teller geben, die Früchte unterheben. Joghurt cremig rühren, über das Müsli geben, kurz durchziehen lassen, je nach Geschmack süßen.
Dazu Früchtetee trinken.

Zwischenmahlzeit:
0,1 l Sanddorn-Hagebutten-Saft
100 g fettarmer Joghurt
0,1 l Brottrunk
Honig zum süßen
Den Sanddorn-Hagebutte-Saft mit Joghurt und Brottrunk verrühren. Mit etwas Honig süßen.

Mittagessen:
1 Ei
2 EL Kräuter (frisch oder TK- Produkt)
Pfeffer, Salz
1 EL Butter
1 Frühlingszwiebel
100 g frische Champignons
1 Scheibe Roggenvollkornbrot
0,15 l Tomatensaft
0,1 l Brottrunk
Das Ei mit den Kräutern verquirlen und mit Pfeffer und Salz
würzen. In einer beschichteten Pfanne die Butter erhitzen,
die Frühlingszwiebel und die Pilze in Scheiben schneiden und
darin andünsten, dann das Ei darüber geben und ein Rührei
zubereiten. Anschließend auf dem Brot verteilen.
Tomatensaft mit Brottrunk mischen und trinken.

Zwischenmahlzeit:
150 g Knollensellerie
1 Apfel
1 Scheibe Ananas (aus der Dose)
100 g fettarmer Joghurt
Saft 1/2 Zitrone
Salz, Pfeffer
Sellerie putzen, waschen, Apfel vom Kerngehäuse befreien,
beides in dünne Streifen schneiden und mit Zitronensaft
beträufeln. Ananas in kleine Stücke schneiden. Den Joghurt
unterheben, mit Salz und Pfeffer abschmecken und
durchziehen lassen.

Abendessen:
1/2 Avocado
1 EL Zitronensaft
1/4 Knoblauchzehe
100 g Joghurt
Salz, Pfeffer
Orangenfilets
zerstoßener schwarzer Pfeffer
1 Scheibe Toastbrot
Das Fruchtfleisch aus der Avocado herauslösen und sofort mit
Zitronensaft beträufeln. Knoblauchzehe durchpressen. Das
Avocadofleisch fein pürieren und mit Knoblauch, Joghurt
verrühren.

Mit Salz, Pfeffer und Zitronensaft abschmecken. Die Masse in die Avocadohälfte füllen und mit einigen Orangenfilets belegen. Mit zerstoßenem Pfeffer bestreuen. Dazu eine Scheibe Toastbrot essen.

3. Probiotischer Tag
Frühstück:
1 Scheibe Pumpernickel
1-2 EL Haferflocken
1 EL Zucker
200 g Obst (z. B. Erdbeeren, Pfirsich, 1/2 Banane)
150 g fettarmer Joghurt
0,2 l Brottrunk
1 TL Honig
Pumpernickel zerbröseln und mit Haferflocken und dem Zucker in einer Pfanne anrösten, bis der Zucker karamellisiert. Abkühlen lassen. Die Erdbeeren halbieren, Pfirsich in Spalten, die Banane in Scheiben schneiden und die Früchte unter die gerösteten Pumpernickel heben. Joghurt cremig rühren und darüber gießen. Brottrunk mit Honig süßen und dazu trinken.

Zwischenmahlzeit:
0,1 l Kanne Brottrunk
0,1 l Gemüsesaft
50 ml Karottensaft
Brottrunk mit Gemüse- und Karottensaft mischen und trinken.

Mittagessen:
1 Putenfilet (125 g)
5 EL Brottrunk
1 TL Öl
1/2 Knoblauchzehen
frische Petersilie
50 g Haferkörner
0,1 l Wasser
1 EL Zwiebelwürfel
1 kleine Möhre
1 kleines Stück Lauch
einige Paprikastreifen (rot, gelb, grün)
1 TL Butter
Salz, Cayennepfeffer
Curry

Putenfilet schnetzeln. Knoblauchzehe und Petersilie klein schneiden. Aus Brottrunk, Öl, Knoblauch und Petersilie eine Marinade herstellen und das Fleisch darin 1 Stunde einlegen. Haferkörner mit der doppelten Menge Wasser und etwas Salz aufkochen und 30 Minuten ausquellen lassen. Möhre grob hobeln, den Lauch in feine Ringe schneiden. Butter in einer beschichteten Pfanne erhitzen, das Fleisch kräftig anbraten. Das Gemüse zufügen und bei kleiner Hitze 10 Minuten mitbraten. Den gekochten Hafer zugeben und nochmals erwärmen. Mit Salz, Cayennepfeffer und Curry abschmecken. Dazu Kräutertee trinken.

Zwischenmahlzeit:
200 g fettarmer Joghurt
Joghurt essen, eventuell mit Honig süßen.
Dazu Mineralwasser trinken.
Abendessen
1 Scheibe Pumpernickel
3 TL Zucker
Zimt
250 g fettarmer Joghurt
Pumpernickel zerbröseln und mit 2 TL Zucker bei großer Hitze in einer Pfanne anrösten, bis der Zucker karamellisiert. 1 TL Zucker mit Zimt mischen. Joghurt cremig rühren, in einen Suppenteller füllen, das angeröstete Pumpernickel zugeben. Mit Zimtzucker bestreuen.

4. Probiotischer Tag
Frühstück:
1/2 Beet Kresse
1 Salzgurke
5 Radieschen
2 EL Brottrunk
125 g Magerquark
Salz, Pfeffer
Paprika
2 Scheiben Brot
Kresse klein hacken, Salzgurke und Radieschen fein würfeln. Mit Brottrunk und Quark verrühren und anschließend mit den Gewürzen abschmecken. Dazu das Brot essen und Brottrunk trinken.

Zwischenmahlzeit:
50 ml Holundersaft
0,1 l naturtrüber Apfelsaft
0,1 l Brottrunk
Säfte mit dem Brottrunk vermischen und trinken.

Mittagessen:
100 g Kartoffeln
1/2 Aubergine
1 Zucchini
je ein Stück einer roten und grünen Paprika
1 Tomate
1/2 Zwiebel
1 EL Öl
Rosmarin
100 g fettarmer Joghurt
1 EL Tomaten-Ketchup
Paprikapulver
Salz, Pfeffer
1 kleines Brötchen
Die Kartoffeln schälen und in Scheiben schneiden und ca. 8-
10 Minuten kochen. Die Paprika in Streifen, die Aubergine
und die Zucchini in Scheiben schneiden, die Tomate vierteln.
Die Zwiebel in Würfel schneiden. Paprika, Aubergine und
Zucchini 2-3 Minuten blanchieren. Die Kartoffeln und das
Gemüse im Öl wenden, mit Rosmarin bestreuen und im Ofen
ca. 15 Minuten bei 220° C backen. Für den Dipp Joghurt mit
Ketchup verrühren und mit Paprika, Salz und Pfeffer
abschmecken. Auf einem Teller anrichten und mit dem Dip
und dem Brötchen essen.

Zwischenmahlzeit:
100 g Sauerkraut
100 g Ananas
0,2 l Sauerkrautsaft
Sauerkraut abtropfen lassen und auseinander zupfen. Ananas
in Stücke schneiden, mit dem Sauerkraut vermischen.
Dazu Sauerkrautsaft trinken.

Abendessen:
200 g frisches Gemüse (z.B. Möhre, Paprika, Chicorée,
Frühlingszwiebeln, Gurke)
60 g Frischkäse
100 g fettarmer Joghurt
1 TL Petersilie
1 EL Mixed Pickles
1 EL feingehackte Paprika
1 kleine Chili-Schote
Salz, Pfeffer
Paprika
Möhren halbieren, Paprika und Gurke in Streifen schneiden,
vom Chicorée-Spross die äußeren Blätter bis auf den Strunk
verwenden. Frischkäse mit dem Joghurt cremig rühren und in
drei Portionen teilen. Eine Portion mit Petersilie verrühren.
Die zweite mit fein gehackten Mixed Pickles verrühren und
mit Pfeffer abschmecken. Fein gewürfelte Paprikastücke,
gehackte Chili und Frühlingszwiebelringe in die dritte Portion
geben und mit Paprika und Salz abschmecken. Die Dipps
kurz durchziehen lassen und mit der Rohkost essen.

5. Probiotischer Tag
Frühstück:
50 g Vollkorn-Haferflocken
1 EL Zucker
100 g Pflaumen
1/2 Birne
100 g fettarmer Joghurt
3 EL Müsli
Haferflocken mit Zucker in einer Pfanne anrösten bis der
Zucker karamellisiert. Pflaumen und Birne in Stücke
schneiden. Obst, Müsli und Joghurt in einem tiefen Teller
anrichten. Dazu Früchtetee servieren.

Zwischenmahlzeit:
0,15 l Tomatensaft
0,1 l Brottrunk
Zitronensaft
Pfeffer, Salz
Tomatensaft mit Brottrunk verrühren, mit Zitronensaft,
Pfeffer und Salz
abschmecken.

Mittagessen:
150 g Sauerkraut
100 g mageres Lammfleisch
1/4 l Gemüsebrühe
200 g Pellkartoffeln
1 Zwiebel
1 EL Öl
Kümmel, Majoran, Petersilie
Salz, Pfeffer
Das Lammfleisch im Stück in der Gemüsebrühe weich kochen, anschließend in Streifen schneiden. In der Zwischenzeit Pellkartoffeln kochen, schälen und in Scheiben schneiden. Die Zwiebel in Ringe schneiden. Öl erhitzen und die Zwiebeln andünsten. Kartoffeln dazugeben und unter mehrmaligem Wenden rösten. Fleischstreifen dazugeben und kurz mit anbraten. Mit Gewürzen abschmecken. Dazu Sauerkraut reichen, Brottrunk mit Mineralwasser mischen und trinken.

Zwischenmahlzeit:
0,15 l Gemüsesaft
0,1 l Brottrunk
Salz, Petersilie
1 Scheibe Pumpernickel
Gemüsesaft mit Brottrunk mischen, mit Salz abschmecken. Dazu Pumpernickel essen.

Abendessen:
150 g frisches Sauerkraut
2 Möhren
100 g Ananas
1 EL Öl
1 EL Zitronensaft
Salz, Pfeffer
1 Msp. geriebener Ingwer
1 EL Sonnenblumenkerne
1 Scheibe Vollkornbrot
Weinsauerkraut auseinander zupfen, Möhren fein raspeln, Ananas in Stücke schneiden. Alles miteinander mischen. Aus Öl und Zitronensaft eine Sauce anrühren, mit Salz, Pfeffer und Ingwer abschmecken und unter den Sauerkrautsalat heben. Mit Sonnenblumenkernen bestreuen. Dazu eine Scheibe Brot essen und Brottrunk mit viel Mineralwasser trinken.

12 DIE BROTDIÄT

1. Brottag

Frühstück:
1 Scheibe Vollkornbrot
100 g fettreduzierter körniger Frischkäse
1 EL Schnittlauchröllchen
1/2 Bund Radieschen
1 hartgekochtes Ei
0,2 l Tomatensaft
Pfeffer
Brot mit Frischkäse bestreichen und mit Schnittlauchröllchen bestreuen. Mit den Radieschen und dem Ei servieren. Tomatensaft mit Pfeffer abschmecken. Dazu Früchtetee trinken.

Zwischenmahlzeit:
1 Kürbiskern-Brötchen
50 g Kräuterquark
Kürbiskern-Brötchen halbieren und mit Kräuterquark bestreichen. Dazu Matetee trinken.

Mittagessen:
1 Baguettebrötchen
1/ 2 Salatgurke
30 g fettreduzierte Kalbsleberwurst
Das Baguettebrötchen längs halbieren, eine Hälfte mit fettreduzierter Kalbsleberwurst bestreichen, mit Gurkenscheiben belegen, eventuell mit einem Salatblatt garnieren. Die zweite Baguettehälfte darauf legen. Dazu Matetee trinken.

Zwischenmahlzeit:
1 Scheibe Pumpernickel
1 TL Halbfett
30 g leichter Camembert (30 %)
Pumpernickel mit Halbfett bestreichen mit Camembertscheiben belegen. Dazu Matetee trinken.

Abendessen:
2 Scheiben Vollkornbrot
50 g fettreduzierter körniger Frischkäse
Salz, Pfeffer
Schnittlauch
1/2 Salatgurke
2 Tomaten
Brotscheiben mit körnigem Frischkäse bestreichen. Mit Schnittlauchröllchen bestreuen. Die Tomate und die Gurke in Scheiben schneiden. Salzen und pfeffern. Zu den Broten essen. Dazu Matetee trinken.

2. Brottag
Frühstück:
½ Beet Kresse
1 Salzgurke
½ Bund Radieschen
100 g Magerquark
Salz, Paprika, Pfeffer
1 Scheibe Vollkornbrot
Kresse klein hacken, Salzgurke und Radieschen fein würfeln. Mit Mineralwasser Quark glattrühren und anschließend mit den Gewürzen abschmecken. Dazu eine Scheibe Brot essen. Dazu Früchtetee trinken.

Zwischenmahlzeit:
1 Päckchen Tomatencremesuppe mit Croutons (Tassenfertige Zubereitung)
1 Scheibe Vollkorn- Toastbrot
Suppendrink nach Packungsanweisung zubereiten, dazu das Toast essen. Dazu Mineralwasser trinken.

Mittagessen:
1 Scheibe Vollkornbrot
10 g Halbfettbutter
1 Scheibe fettreduzierten Käse nach Wahl
2 Tomaten
1/2 Bund Radieschen
Zwiebelringe, Kresse
1 Päckchen Champignoncreme Suppe (Tassenfertige Zubereitung)
Brot mit Butter bestreichen und mit dem Käse belegen. Mit Tomaten und Radieschen anrichten und mit Zwiebelringen und Kresse garnieren.

Suppendrink nach Packungsanweisung zubereiten und zu dem Brot servieren. Dazu Mineralwasser trinken.

Zwischenmahlzeit:
0,2 l Tomatensaft
Pfeffer
1 Scheibe Vollkornbrot
50 g Magerquark
1/4 Beet Kresse
Tomatensaft mit Pfeffer abschmecken. Brot mit Magerquark bestreichen und mit Kresse bestreuen.

Abendessen:
2 TL Öl
50 g Flusskrebse oder Krabben
1 Ei
Pfeffer, Salz
1 Scheibe Vollkornbrot
Dill
Öl in einer beschichteten Pfanne erhitzen, Krabben zugeben und von beiden Seiten 2-3 Minuten braten, warm stellen. Das Ei mit 1 EL Mineralwasser verquirlen, mit Pfeffer und Salz würzen und daraus ein Rührei zubereiten. Rührei und Krabben auf dem Brot verteilen, mit Dill garnieren. Dazu Matetee trinken.

3. Brottag
Frühstück:
100 g Magerquark
Je 1 Stück rote, gelbe und grüne Paprika
1/2 kleine Zwiebel
Schnittlauch, Salz, Pfeffer
1 Scheibe Mehrkornbrot
1 Scheibe Pumpernickel
Quark mit Mineralwasser glatt rühren. Paprika und Zwiebel fein würfeln, Schnittlauch in Röllchen schneiden und unter den Quark heben. Abschmecken und die beiden Brotscheiben mit dem Brotaufstrich bestreichen. Dazu Früchtetee trinken.

Zwischenmahlzeit:
1 Mehrkorn-Brötchen
1 TL Halbfettbutter
2 TL Honig

Brötchen aufschneiden und die Hälften mit Halbfett und Honig bestreichen. Dazu Matetee trinken.

Mittagessen:
1 Baguettebrötchen
2 eingelegte Gurken
1 TL Halbfettbutter
2 Scheiben Putenbrust in Aspik
Zwiebelringe
Von dem Baguettebrötchen 1/2 abschneiden und für die zweite Zwischenmahlzeit aufheben. Das restliche Brötchen längs aufschneiden und mit Wurst und Gurkenscheiben belegen. Mit Zwiebelringen garnieren. Dazu Mineralwasser trinken.

Zwischenmahlzeit:
1/2 Baguettebrötchen (Rest vom Mittag)
1 TL Halbfettbutter
2 Scheiben fettreduzierte Wurst
Das Brötchen längs aufschneiden, mit Halbfettbutter bestreichen und mit fettreduzierter Wurst belegen. Dazu Matetee trinken.

Abendessen:
125 g Rindersteak
1 EL Öl
Pfeffer, Salz
1 Scheibe Toastbrot
einige Salatblätter
1 Tomate
1 Scheibe Käse nach Wahl
2-3 Salbeiblätter
Rinderfilet pfeffern und in heißem Öl auf jeder Seite kurz braten. Anschließend salzen. Toastbrot mit Salatblättern belegen. Steak darauf setzen, mit Salbeiblättern und der in Scheiben geschnittenen Tomate und dem Käse belegen. Im vorgeheizten Backofen bei ca. 200° C überbacken, bis der Käse schmilzt. Dazu Matetee trinken.

4. Brottag

Frühstück:
1 Brötchen
1 Scheibe Vollkornbrot
50 g Magerquark
20 g Sanddorn-Orangen-Zubereitung
2 TL Halbfettbutter
2 TL Konfitüre
Brötchen halbieren, eine Hälfte mit Halbfett und Konfitüre, die andere Hälfte und das Brot mit Quark und Sanddorn-Orangenzubereitung bestreichen. Dazu Früchtetee trinken.

Zwischenmahlzeit:
1 Roggenbrötchen
50 g Kräuterquark
Brötchen halbieren und mit Kräuterquark bestreichen.

Mittagessen:
1/4 l fertige Fleischbrühe
75 g Schmelzkäse
1 TL Stärke
1 EL Wasser
Salz, Pfeffer, Muskat
2 EL Weißwein
1 Scheibe Weißbrot
Petersilie, Schnittlauch
Schmelzkäse in die heiße Fleischbrühe einrühren. Die Stärke mit etwas Wasser anrühren, in die Suppe geben, gut verquirlen und einmal kurz aufwallen lassen. Mit Salz, Pfeffer, Muskat und Wein abschmecken. Die gehackten Kräuter zugeben. Weißbrot toasten, in Würfel schneiden, über die Suppe geben und servieren. Dazu Mineralwasser trinken.

Zwischenmahlzeit:
1 Scheibe Vollkornbrot
1 TL Halbfettbutter
1 Scheibe gekochter Schinken
1 Tomate
Brot mit Halbfettbutter bestreichen mit Schinken und Tomatenscheiben belegen. Dazu Matetee trinken.

Abendessen:
1 Scheibe Mischbrot
50 g fettreduzierter körniger Frischkäse
50 g fettreduzierter Camembert
Salz, Pfeffer
Schnittlauch
1/2 Salatgurke
2 Tomaten
Frischkäse auf dem Brot verteilen, mit Schnittlauchröllchen bestreuen. Tomate, Gurke in Scheiben schneiden. Salzen und pfeffern. Mit dem Camembert zu dem Brot essen. Dazu Matetee trinken.

5. Brottag
Frühstück:
1 Scheibe Vollkornbrot
125 g Magerquark
1 EL Leinsamen
1 Birne
50 g Heidelbeeren
Quark mit Mineralwasser glatt rühren. Brot mit Quark bestreichen, mit einer halben in Scheiben geschnittenen Birne und einigen Heidelbeeren belegen. Mit Leinsamen bestreuen. Die andere Birnenhälfte würfeln, mit den restlichen Leinsamen und Heidelbeeren unter den restlichen Quark rühren. Dazu Früchtetee trinken.

Zwischenmahlzeit:
1 Scheibe Vollkornbrot
1 TL Halbfettbutter
2 Scheiben Geflügelaspik (Hähnchen oder Pute)
1/2 Bund Radieschen
Brotscheibe mit Butter bestreichen und mit den Aspikscheiben belegen. Radieschen putzen, waschen und dazu essen. Dazu Matetee trinken.

Mittagessen:
1 Baguettebrötchen
1 Tomate
4 Champignons
1/2 Paprikaschote
1/2 fettreduzierter Mozzarella
1 Scheibe gekochter Schinken
1 TL Zwiebelwürfel, frisch gehackte Kräuter, Pfeffer

Baguettebrötchen aufschneiden. Leicht antoasten. Tomate, Champignons, Paprika und den Mozzarella in Scheiben schneiden. Den Schinken würfeln. Die Baguette-Hälften abwechselnd mit Tomaten-, Paprika-, Champignon- und Mozzarellascheiben und den Schinkenwürfeln belegen. Mit Zwiebelwürfeln und frisch gehackten Kräutern bestreuen. Leicht pfeffern. Im vorgeheizten Backofen überbacken, bis der Käse verläuft. Dazu Mineralwasser trinken.

Zwischenmahlzeit:
0,2 l Tomatensaft
Pfeffer
Muskat
Schnittlauchröllchen
Tomatensaft mit Pfeffer und Muskat abschmecken und mit Schnittlauchröllchen bestreuen.

Abendessen:
1 Scheibe Roggenmischbrot
1 Scheibe Knäckebrot
1 Becher Saure Sahne, 10 % Fett
1 kleine, feingehackte Zwiebel
1/2 feingehackte Knoblauchzehe
1/2 Salatgurke
2 Tomaten
Pfeffer, Salz
Dill
Zwiebel und Knoblauch mit der auf einer Reibe grob geraspelten Salatgurke mischen. Mit saurer Sahne verrühren, mit Pfeffer, Dill und einer Prise Salz pikant abschmecken. Den Quark auf die Brote verteilen, mit Dill garnieren und mit den Tomaten servieren. Dazu Matetee trinken.

6. Brottag
Frühstück:
1 Sonnenblumenbrötchen
1 kleine Scheibe Roggenmischbrot
1 TL Halbfettbutter
2 TL Diät-Konfitüre nach Wahl
1 EL körniger Frischkäse
1 Pfirsich
Brötchen mit Halbfett und Konfitüre, das Brot mit Frischkäse bestreichen und mit Pfirsichspalten belegen. Dazu Früchtetee trinken.

Zwischenmahlzeit:
50 g Magerquark
1 Msp. Paprikapulver
1 Scheibe Roggenmischbrot
2 kleine Tomaten, in Scheiben geschnitten
einige Zwiebelringe
Schnittlauchröllchen
Quark mit Mineralwasser glatt rühren, mit Paprikapulver abschmecken und auf das Brot streichen. Mit Tomatenscheiben belegen, mit Zwiebeln und Schnittlauch garnieren. Dazu Matetee trinken.

Mittagessen:
2 Scheiben Kürbiskernbrot
100 g fettreduzierter körniger Frischkäse
1 Bund Radieschen
1/2 Beet Kresse
Die Brote mit Frischkäse bestreichen und mit Radieschenscheiben und Kresse belegen. Die restlichen Radieschen dazu essen. Dazu Mineralwasser trinken.

Zwischenmahlzeit:
2 dünne Scheiben Knäckebrot
2 Salatblätter
50 g Magerquark
Radieschen und Kräuter zum Garnieren
Die Knäckebrote mit Salatblättern belegen, den Quark mit Mineralwasser glatt rühren, darauf geben und mit Radieschenscheiben und Kräutern garnieren. Dazu Matetee trinken.

Abendessen:
1 Brötchen
1 TL Halbfettbutter
einige Salatblätter
50 g magerer Schwarzwälder Schinken
1 Scheibe Käse nach Wahl
1 EL Tomatenketchup
1 Gurkenscheibe
Brötchen aufschneiden, mit der Butter bestreichen.

Mit Salatblättern, Schinken, Radieschenscheiben und Käse belegen, etwas Tomaten-Ketchup darüber geben, mit einer Gurkenscheibe belegen und die zweite Brötchenhälfte darauf setzen. Dazu Matetee trinken.

7. Brottag

Frühstück:
1 Scheibe Vollkornbrot
25 g Kräuter- Frischkäse
1 hartgekochtes Ei
1 Frühlingszwiebel
1 EL Sprossen
Vollkornbrot mit Frischkäse bestreichen. Ei in Scheiben, die Frühlingszwiebel in Ringe schneiden. Brot mit Eischeiben, Frühlingszwiebel und Sprossen belegen. Mit Tomatensaft und Matetee servieren.

Zwischenmahlzeit:
2 Scheiben Baguette
1 TL Halbfettbutter
50 g fettreduzierter Camembert
1/2 Feige
einige Johannisbeeren
Baguettescheiben mit Butter bestreichen, mit Käse und Früchten belegen.

Mittagessen:
1 Baguettebrötchen
2 TL Halbfettbutter
½ Kugel fettreduzierten Mozzarella
je 1/2 grüne und gelbe Paprika
50 g gegarte Krabben oder Flusskrebse
Thymian
Baguettebrötchen aufschneiden und toasten oder im vorgeheizten Ofen einige Minuten rösten. Mit Butter bestreichen. Eine Baguette-Hälfte mit dünn geschnittenen Paprikastreifen belegen. Die andere Hälfte mit den Krabben belegen. Mozzarella in dünne Scheiben schneiden, das Brot damit belegen. Überbacken und anschließend mit getrocknetem Thymian bestreuen. Dazu Mineralwasser trinken.

Zwischenmahlzeit:
2 Scheiben Baguette
2 TL Halbfettbutter
50 g fettreduzierten Camembert
1 Sternfrucht-Scheibe
Honigmelone
Baguette mit Butter bestreichen. Aus dem Melonenfleisch einige Kügelchen ausstechen. Das Brot mit Camembert und den Früchten belegen. Dazu Matetee trinken.

Abendessen:
1 Scheibe Vollkornbrot
1 TL Halbfettbutter
einige Salatblätter
1 hart gekochtes Ei
1 Tomate
Pfeffer
Schnittlauchröllchen
Ei und Tomate in Scheiben schneiden. Brot mit Butter bestreichen und mit Salatblättern, Ei- und Tomatenscheiben belegen. Leicht pfeffern und mit Schnittlauchröllchen bestreuen. Dazu Matetee trinken.

13 DIE REIS DIÄT

Für eine schnelle Gewichtsabnahme
Bei der Reisdiät gibt es jeden Tag mindestens zweimal ein Reisgericht, dazu viel frisches Obst und Gemüse, sowie Fisch, Fleisch und Geflügel. Zu den einzelnen Mahlzeiten sollten Sie viel trinken: Am besten vor den Mahlzeiten ein Glas Mineralwasser. Das füllt den Magen und dämpft das Hungergefühl. Bitte nur ganz sparsam salzen, da das Salz Wasser im Körper bindet.
Tipp: Reis können Sie auf Vorrat kochen und im Kühlschrank einige Tage aufheben. Zum Erwärmen einfach in ein Sieb geben und über heißem Wasserdampf erhitzen oder kurz in der Mikrowelle stellen.

1. Reis Tag
Frühstück:
1/2 Papaya
1 kleine Banane
200 g Wassermelone
2 große Scheiben Ananas
Papaya längs halbieren, die Kerne herauslösen und die Frucht in dünne Scheiben schneiden. Aus der Melone Kugeln ausstechen oder klein schneiden, die Banane in Scheiben schneiden. Die Früchte auf einen Teller geben.

Zwischenmahlzeit:
0,1 l Gemüsesaft
0,1 l Möhrensaft
Pfeffer, Salz
Die Säfte mischen und mit Pfeffer und Salz abschmecken.

Mittagessen:
1 Bund Suppengemüse (Möhre, Lauch, Sellerie)
2 TL Öl
0,3 l Gemüsebrühe
50 g Naturreis
100 g Hühnerfleisch
Petersilie
Suppengrün in feine Streifen schneiden. In Öl kurz andünsten. Mit Gemüsebrühe aufgießen und zum Kochen bringen. Den Reis und das klein geschnittene Hühnerfleisch zugeben, aufkochen und im geschlossenen Topf 20 Minuten auf kleinster Stufe köcheln lassen. Mit Petersilie bestreuen.

Zwischenmahlzeit:
30 g Reis
1/2 Papaya
Reis nach Packungsangabe kochen, abtropfen und abkühlen
lassen. Inzwischen Papaya schälen, würfeln und mit dem
Reis mischen.

Abendessen:
1 kleiner Kopf Salat
1 Frühlingszwiebel
1 Bund Radieschen
1 hartgekochtes Ei
50 g gekochter Schinken
2 Scheiben Käse nach Wahl
¼ Beet Kresse
2 TL Öl
1 TL Essig
1 TL Senf
Salz, Pfeffer
Den Salat in mundgerechte Stücke zupfen, die
Frühlingszwiebel in Ringe, die Radieschen in Scheiben
schneiden. Das Ei achteln. Den Schinken würfeln und die
Käsescheiben in Streifen schneiden. Alles auf einem Teller
anrichten und mit Kresse bestreuen. Aus Öl, Essig und Senf
ein Dressing zubereiten und mit Salz und Pfeffer
abschmecken und über den Salat träufeln. Dazu
Mineralwasser trinken.

2. Reis Tag
Frühstück:
1 Becher Diät-Milchreis (200 g)
100 g Heidelbeeren
2 EL Weizenkeime
Heidelbeeren waschen und putzen, mit den Weizenkeimen
unter den Milchreis heben.

Zwischenmahlzeit:
0,1 l Gemüsesaft
0,1 l Karottensaft
0,1 l Tomatensaft
Mischen und trinken.

Mittagessen:
125 g Putenbrustfilet
1 Orange
1 Frühlingszwiebel
50 g Langkorn-Reis
1 TL Öl
Salz, Pfeffer
1 TL Currypulver
5-6 EL Hühnerbrühe (Instant)
1 EL Sojasauce
1 EL Stärke
Putenfleisch in dünne Streifen schneiden. Orange in Spalten schneiden. Frühlingszwiebel in schräge Ringe schneiden. Reis nach Packungsanweisung in Salzwasser garen. Öl erhitzen, Fleisch darin kurz anbraten, herausnehmen, salzen und pfeffern. Currypulver in den Bratenfond geben, Zwiebelringe darin andünsten, Hühnerbrühe, Sojasauce dazugeben und würzen. Aufkochen lassen, mit Stärke verrühren, Fleisch und Orangenscheiben zugeben. Mit dem Reis auf einem Teller anrichten.

Zwischenmahlzeit:
30 g Naturreis
150 g Ananas
Den Reis kochen, abtropfen und abkühlen lassen. Inzwischen die Ananas in kleine Stücke schneiden und unter den Reis heben.

Abendessen:
1 Scheibe Weizen-Mischbrot
1 TL Halbfettbutter/ Margarine
1 Tomate
2 Scheiben Käse nach Wahl
einige Zwiebelringe
Schnittlauch
Kümmel
Das Brot buttern, Tomate waschen und in Scheiben schneiden. Brot mit den Käsescheiben, Tomatenscheiben und Zwiebelringen belegen. Mit Schnittlauch und Kümmel servieren.

3. Reis Tag

Frühstück:
40 g Haferflocken
50 g Trockenfrüchte (z.B. Aprikosen, Feigen, Datteln, Zwetschgen, Äpfel)
0,2 l Buttermilch
Trockenfrüchte klein schneiden, mit den Haferflocken vermischen und die Buttermilch darüber geben.

Zwischenmahlzeit:
0,1 l Apfelsaft
Mineralwasser
Mineralwasser mit Apfelsaft mischen und trinken.

Mittagessen:
50 g Reis
2 TL Öl
1 EL Zwiebelwürfel
100 g TK- Erbsen
1 EL Petersilie
2 TL Parmesan
Reis nach Packungsvorschrift ohne Salz zubereiten. Zwiebel in einer beschichteten Pfanne in heißem Öl glasig dünsten, Erbsen zugeben, 1 EL Wasser zufügen, einige Minuten dünsten lassen. Dann den gekochten Reis unterheben, erneut erwärmen. Mit Petersilie und Parmesan bestreuen. Dazu Mineralwasser trinken.

Zwischenmahlzeit:
30 g Naturreis
200 g Wassermelone
Den Reis kochen, abtropfen und abkühlen lassen. Inzwischen das Melonenfleisch würfeln und unter den Reis heben.

Abendessen:
30 g Naturreis
Meersalz
100 g Hähnchenbrust
50 g Bambussprossen
200 g Austernpilze
1 TL Öl
2 Frühlingszwiebeln
1 EL Sojasauce
1 EL Essig , Cayennepfeffer

Reis kochen, anschließend abtropfen und abkühlen lassen. Hähnchenbrust 6 Minuten lang in kochendem Salzwasser garen, abkühlen lassen und in mundgerechte Stücke schneiden. Austernpilze putzen, in heißem Öl ca. 8 Minuten braten. Frühlings- zwiebeln in Ringe schneiden. Sojasauce und Essig verrühren, mit Cayennepfeffer und Salz abschmecken. Salatsauce mit dem Reis und den anderen Zutaten mischen.

4. Reis Tag

Frühstück:
40 g Naturreis
150 g fettarme Milch
1 TL Zitronenschale
1 TL Honig
125 g Himbeeren
1 EL Mandelblättchen
Reis mit Milch aufkochen und bei ganz wenig Hitze solange ausquellen lassen, bis der Reis die ganze Milch aufgenommen hat. Gelegentlich umrühren. Milchreis mit Zitronenschale und Honig abschmecken. Himbeeren darüber verteilen. Mandelblättchen in einer beschichteten Pfanne vorsichtig rösten, über den Milchreis streuen.

Zwischenmahlzeit:
0,1 l Gemüsesaft
0,1 l Möhrensaft
Pfeffer, Salz
Die Säfte mischen, mit Pfeffer und Salz kräftig abschmecken.

Mittagessen:
60 g Naturreis
100 g Fenchel mit Grün
1 Möhre
2 Tomaten
50 ml Gemüsebrühe (Instant)
Pfeffer, Meersalz, Knoblauchsalz
1 TL Öl
150 g Rinderfilet
Den Reis kochen. Fenchel, Möhre und Tomaten klein schneiden, in der Brühe gar dünsten und mit Pfeffer und Salz abschmecken. Das Öl in einer beschichteten Pfanne erhitzen. Das Fleisch in Streifen schneiden und braten.

Mit Pfeffer und Salz würzen und herausnehmen. Die Fleischstreifen mit dem Reis und dem Gemüse anrichten.

Zwischenmahlzeit:
30 g Naturreis
1 Kiwi
Den Reis kochen, abtropfen und abkühlen lassen. Kiwi schälen, das Fruchtfleisch würfeln und unter den Reis heben.

Abendessen:
100 g Möhren
1/2 rote Paprikaschote
1/2 grüne Paprikaschote
50 g Champignons
1 Zwiebel
1/2 Knoblauchzehe
1 EL Öl
50 g Risottoreis
1/8 l Gemüsebrühe
Gemüse in kleine Stücke schneiden. Zwiebel und Knoblauch schälen und fein hacken, in heißem Öl andünsten. Das Gemüse und den gewaschenen Reis zufügen und mitdünsten. Die Gemüsebrühe zufügen und einkochen lassen, bis der Reis gegart ist.

5. Reis Tag
Frühstück:
2 Scheiben Vollkorn-Reis-Snack
1 Tomate
Salatblätter
1 hartgekochtes Ei
50 g Magerquark
Pfeffer, Salz
Schnittlauch (frisch oder TK- Produkt)
0,2 l Buttermilch
1/4 Beet Kresse
Zitronensaft
Tomate und Ei in Scheiben schneiden. Eine Scheibe Vollkorn-Reis-Snack mit Tomaten- und Eischeiben und Salatblättern belegen, die zweite Reisscheibe mit Magerquark bestreichen, würzen, mit Schnittlauchröllchen bestreuen. Buttermilch mit der gehackten Kresse verquirlen und mit Zitronensaft abschmecken.

Zwischenmahlzeit:
0,1 l Möhren-Saft
100 g fettarmer Joghurt
Joghurt mit Möhrensaft mischen.

Mittagessen:
40 g Langkorn-Reis
1 kleine Dose Obstcocktail
100 g Austernpilze
2 TL Öl
Salz, Pfeffer
Reis kochen. Bei den Austernpilzen die Stielenden abschneiden, die Pilze abspülen, abtropfen lassen und mit Küchenkrepp trocken tupfen. Öl in einer beschichteten Pfanne erhitzen, die Austernpilze darin von beiden Seiten kurz anbraten und leicht würzen. Obstcocktail abtropfen lassen unter gelegentlichem Umrühren erhitzen und mit dem Reis und den Austernpilzen servieren.

Zwischenmahlzeit:
30 g Naturreis
100 g Beerenfrüchte (Himbeeren, Brombeeren, Heidelbeeren)
Den Reis kochen, abtropfen und abkühlen lassen. Beerenfrüchte unter den Reis heben.

Abendessen:
30 g Naturreis
0,25 l Gemüsebrühe (Instant)
1 Zwiebel
1 EL Öl
200 g Brokkoli (frisch oder TK- Produkt)
30 g Schlagsahne
Pfeffer, Muskat, Salz
Reis nach Packungsaufschrift in der Gemüsebrühe zubereiten. Zwiebel würfeln, in heißem Öl glasig braten. Den Brokkoli pürieren und zugeben. Nochmals 5 Minuten köcheln lassen. Mit Salz, Pfeffer und Muskat abschmecken. Kurz vor dem Servieren die Sahne unterheben.

6. Reis Tag
Frühstück:
1 Scheibe Toastbrot
50 g Magerquark
1 TL Aprikosenkonfitüre
1 TL Erdbeerkonfitüre
0,25 l Diät Kakao-Trunk
Brot mit Quark und Konfitüre bestreichen. Dazu Kakao-Trunk trinken.
Zwischenmahlzeit
0,2 l Tomatensaft
Pfeffer, Salz
Tomatensaft mit Pfeffer und Salz abschmecken.

Mittagessen:
1 Schalotte
1 TL Öl
1/2 Tasse Fischfond (oder Gemüsebrühe)
1 Möhre
1 Stange Staudensellerie
3 EL Kaffeesahne
50 g Reis mit Wildreis
Salz, Pfeffer
150 g Fischfilet
Zitrone
Schalotte fein zerkleinern und in heißem Öl andünsten. Mit Fischfond aufgießen, kochen und auf die Hälfte reduzieren. Inzwischen das Gemüse klein schneiden und im Fond garen. Kaffeesahne zugeben und die Sauce nochmals um die Hälfte reduzieren. Inzwischen den Reis nach Packungsaufschrift zubereiten. Den Fisch in etwas kochendes Wasser geben, ca. 10 Minuten gar ziehen lassen, anschließend herausnehmen. Fischfilet mit dem Gemüse, dem Reis und der Sauce anrichten.

Zwischenmahlzeit:
30 g Naturreis
100 g Mango
Den Reis kochen, abtropfen und abkühlen lassen. Das Fruchtfleisch würfeln und unter den Reis heben.

Abendessen:
50 g Langkornreis
1/2 Mango
1 Frühlingszwiebel
1 Tomate
1 Scheibe gekochter Schinken
1/2 Becher Joghurt
Saft 1/2 Zitrone
1 EL gemischte Kräuter (frisch oder TK- Produkt)
Zucker
Currypulver
Salz,Pfeffer
etwas Schnittlauch zum Garnieren
Reis nach Packungsanweisung zubereiten. Von der Mango zwei Spalten abschneiden, das restliche Fruchtfleisch in Würfel schneiden. Frühlingszwiebel in Ringe schneiden, Tomate würfeln und Schinken in Streifen schneiden. Alle Zutaten in eine Schüssel geben und mischen. Für das Salatdressing Joghurt mit Zitronensaft verrühren und mit gehackten Kräutern und Gewürzen abschmecken. Das Dressing über den Salat geben, durchmischen und ziehen lassen. Den Reissalat mit Schnittlauch und Mangoscheiben garnieren. Dazu Mineralwasser trinken.

7. Reis Tag
Frühstück:
1 Scheibe Vollkornbrot
1 TL Halbfettbutter
2 Scheiben Käse nach Wahl
1 Tomate
0,2 l Tomatensaft
Brot mit Halbfettbutter bestreichen und mit Käse und Tomatenscheiben belegen. Tomatensaft mit Pfeffer abschmecken und trinken.
Zwischenmahlzeit
0,2 l Möhrensaft

Mittagessen:
150 g Fischfilet
Zitronensaft
Salz, Pfeffer
50 g Reis
200 g gemischtes Gemüse (Möhre, Blumenkohl, Frühlingszwiebel, Erbsen) ,1/4 l Gemüsebrühe

Fisch mit Zitrone beträufeln und leicht salzen. Gemüse klein schneiden. Den Reis nach Packungsaufschrift zubereiten und abtropfen lassen. Inzwischen das Gemüse in der Gemüsebrühe 10-12 Minuten garen, anschließend abtropfen lassen. Den Fisch in etwas kochendes Wasser geben, ca. 10 Minuten gar ziehen lassen, anschließend herausnehmen und in mundgerechte Stücke zerpflücken. Gemüse und Fisch unter den Reis heben, mit Salz und Pfeffer nachwürzen. Dazu 1 Tasse Matetee trinken.

Zwischenmahlzeit:
30 g Naturreis
1 kleine Orange
Den Reis kochen, abtropfen und abkühlen lassen. Orange schälen, filetieren. Das Fruchtfleisch nochmals quer schneiden und unter den Reis heben.

Abendessen:
50 g Naturreis
1 Apfel
100 g Weintrauben
0,2 l Frucht-Molke
Reis nach Packungsaufschrift zubereiten, abtropfen und abkühlen lassen. Inzwischen den Apfel klein schneiden. Trauben halbieren, Kerne entfernen. Das Obst unter den Reis heben. Dazu Fruchtmolke trinken.

14 DIE EXOTENDIÄT

In 5 Tagen 5 Pfund abnehmen mit nur 1100 kcal am Tag! Bei dieser Diät sind exotische Früchte der Hauptbestandteil. Exotische Früchte sind reich an Vitaminen, enthalten viele Mineralstoffe, und haben wenige Kalorien. Am wichtigsten sind Ananas, Papaya und Kiwi. Sie helfen bei der Körperentschlackung, wirken als Fettverbrenner, verlangsamen den Alterungsprozess der Haut und stärken das Immunsystem.

1. Exoten Tag
Frühstück:
30 g Vollkornmüsli
20 g Cornflakes
1 EL Leinsamen
1 Kiwi
1/2 Mango
30 g Beerenfrüchte
100 g fettarmer Joghurt
Zitrone
Süßstoff
Müsli mit Cornflakes und Leinsamen mischen. Kiwi schälen und in Scheiben schneiden. Mango in Stücke schneiden und Beeren hinzufügen. Joghurt mit Zitrone und Süßstoff abschmecken und unter das Müsli heben.
Dazu Früchtetee trinken.

Zwischenmahlzeit:
0,15 l Buttermilch
1 EL Haferflocken
1/2 Mango
Zitrone
Buttermilch mit Haferflocken und dem Fruchtfleisch der Mango im Mixer fein pürieren und mit Zitrone abschmecken.

Mittagessen:
1/2 Papaya
100 g Ananas oder 1/2 Babyananas
200 g Honigmelone
100 g Magerquark
3 EL Buttermilch
1 TL Zitronensaft, 1 Msp. Vanillezucker
1/2 TL Pistazien
Schwarzer Pfeffer aus der Mühle

Papaya halbieren, die Kerne entfernen. Ananas halbieren oder längs ein Viertel der Frucht herausschneiden. Das Fruchtfleisch herauslösen, klein schneiden und wieder in die Frucht einfüllen. Melone in Spalten schneiden und Kerne entfernen. Quark mit Buttermilch, Zitronensaft und Vanillezucker cremig rühren und die Früchte damit füllen. Je nach Geschmack mit gehackten Pistazien oder frischen schwarzen Pfeffer aus der Mühle garnieren. Dazu 1 Tasse Matetee trinken.

Zwischenmahlzeit:
100 g Magerquark
2 EL Mineralwasser
1 Scheibe Ananas
1 TL Rosinen
Quark mit Mineralwasser cremig rühren, Ananasscheibe klein schneiden, dazugeben und die Rosinen unterheben.
Dazu Früchtetee trinken.

Abendessen:
100 g Putenbrust
1 TL Öl
Salz, Pfeffer
1 Stange Stangensellerie
1 Orange
2 Scheiben Ananas
100 g fettarmer Joghurt
Zitronensaft
Süßstoff
1 Scheibe Toastbrot
Putenbrust in Streifen schneiden. In eine beschichtete Pfanne etwas Öl geben und das Fleisch knusprig anbraten. Salzen und pfeffern. Orange schälen und filetieren, die Selleriestange in Scheiben und die Ananas in Stücke schneiden. Alles auf einem Teller anrichten. Joghurt mit etwas Zitronensaft cremig rühren, mit Süßstoff abschmecken und über den Putensalat geben. Toastbrot toasten, in Stücke schneiden und als Croutons über den Salat geben. Dazu 1 Tasse Matetee trinken.

2. Exoten Tag

Frühstück:
1 Mandarinen
1 Kiwi
1/2 Banane
5 EL Cornflakes
10 g Leinsamen
100 g fettarmer Joghurt
1 TL Kokosraspel
Früchte schälen, Mandarine in Spalten zerlegen, Kiwi und Banane in Scheiben schneiden. Mit den Cornflakes und den Leinsamen mischen. Den Joghurt unterheben und kurz durchziehen lassen. Mit Kokosraspeln bestreuen. Dazu Früchtetee trinken.

Zwischenmahlzeit:
1/2 Banane
50 g Magerquark
2 EL Buttermilch
Zitronensaft
Süßstoff
Banane, Quark und Buttermilch mit dem Rührstab pürieren, mit Süßstoff und Zitrone abschmecken.

Mittagessen:
1 Kiwi
1 Feige
1 Karambole
100 g Weintrauben
2 Scheiben fettreduzierter Käse nach Wahl
0,2 l Orangensaft
Kiwi schälen und in Stücke, die Feige und die Karambole in Scheiben schneiden. Trauben halbieren, ev. Kerne entfernen. Den Käse in Streifen schneiden. Das Obst mit dem Käse auf einem Teller anrichten. Dazu Orangensaft trinken.

Zwischenmahlzeit:
100 g gekochter Reis
1/2 Grapefruit
Süßstoff
Grapefruit aus der Schale lösen und in kleine Stücke schneiden. Unter den Reis heben und mit Süßstoff abschmecken. Dazu 1 Tasse Matetee trinken.

Abendessen:
1/2 Papaya
50 g fettreduzierter Käse nach Wahl (z.B. mit Walnüssen oder Schimmel)
1 Baguettebrötchen
Papaya halbieren, die Kerne entfernen, das Fruchtfleisch herauslösen und würfeln. Käse in kleine Stücke schneiden. Die Papayahälften mit Käse und Fruchtstücken füllen. Mit dem Brot servieren. Dazu Matetee trinken.

3. Exoten Tag
Frühstück:
1 Kiwi
1/2 Mango
1 Feige
150 g fettarmer Joghurt
1 EßL Haferflocken
Kiwi schälen und in Scheiben schneiden. Mango in Stücke schneiden, die Feige halbieren. Joghurt mit Haferflocken verrühren. Die Früchte auf einem Teller geben und den Joghurt darüber geben. Dazu Früchtetee trinken.

Zwischenmahlzeit:
1 Kiwi
1 Mandarine
1/2 Mango
1 gehäufter TL Fruchtzucker
Zitronensaft
Kiwi und Mandarine schälen und klein schneiden. Die restliche 1/2 Mango vom Vormittag würfeln. Alles mischen und mit Zitronensaft beträufeln. Auf einem Teller geben und mit Fruchtzucker bestreuen. Dazu Mineralwasser trinken.

Mittagessen:
1/2 Avocado
1 EL Zitronensaft
1/4 Knoblauchzehe
100 g fettarmer Joghurt
Salz, Pfeffer
einige Orangenfilets
Pfeffer aus der Mühle
1 Scheibe Toastbrot
Mit einem Löffel das Fruchtfleisch aus der Avocado lösen und sofort etwas Zitronensaft darüber geben.

71

Knoblauchzehe in kleine Stücke schneiden. Das Avocadofleisch mit dem Zauberstab fein pürieren. Anschließend mit Knoblauch und Joghurt verrühren. Mit Salz, Pfeffer und Zitronensaft abschmecken. Die Masse in die Avocadohälfte füllen und mit einigen Orangenfilets belegen. Mit Pfeffer garnieren. Dazu eine Scheibe Toastbrot essen und 1 Tasse Matetee trinken.

Zwischenmahlzeit:
1/2 Mango
0,2 l Buttermilch
1 EL Kleie
Süßstoff, Zitrone
Mango schälen, mit der Buttermilch und Kleie im Mixer verquirlen, mit Zitronensaft und Süßstoff abschmecken.

Abendessen:
50 g Naturreis
1 Mandarine
50 g Ananas
50 g Krabben
100 g fettarmer Joghurt
Zitronensaft
Curry
Reis nach Packungszuschrift zubereiten, abtropfen und abkühlen lassen. Ananas in Stücke schneiden. Reis mit Ananas- und Mandarinenstücken und den Krabben mischen. Joghurt mit Zitrone und Curry abschmecken und unter den Salat heben. Dazu 1 Tasse Matetee trinken.

4. Exoten Tag
Frühstück:
2 Scheiben Vollkorn-Toastbrot
100 g körniger Frischkäse
1 Kiwi
100 g frische Ananas
Die Kiwi schälen und in Scheiben schneiden, die Ananas würfeln. Die Brotscheiben toasten, mit Frischkäse bestreichen und mit den Früchten belegen.
Dazu Früchtetee trinken.

Zwischenmahlzeit:
2 Scheiben Knäckebrot
1 TL Halbfettbutter
2 Salatblätter
2 Scheiben Puten-/ Hähnchenbrust in Aspik
100 g Obst nach Wahl
Halbfettbutter auf das Knäckebrot streichen, mit Salatblatt und den Aspikscheiben belegen. Dazu Obst essen und Mineralwasser trinken.

Mittagessen:
50 g Langkornreis
1/2 Avocado
Zitronensaft, Pfeffer, Salz
125 g Fischfilet
1 TL Öl
1 EL mexikanische Sauce
Reis nach Packungsvorschrift zubereiten. Avocado halbieren, vom Kern lösen und sofort mit Zitronensaft beträufeln. Eine Hälfte mit Folie abdecken und fürs Abendessen zurückstellen. Aus dem Fleisch der zweiten Avocadohälfte kleine Kügelchen ausstechen und mit Zitronensaft beträufeln. Fischfilet kalt abspülen, trocken tupfen, mit Zitrone beträufeln, salzen und pfeffern. In einer beschichteten Pfanne, mit Öl, von beiden Seiten ca. 2-3 Minuten braten. Den gekochten Reis abschrecken, abtropfen lassen und die Avocadokügelchen unterheben. Fischfilet mit dem Avocadoreis und mexikanischer Sauce servieren. Dazu 1 Tasse Matetee trinken.

Zwischenmahlzeit:
1 Papaya . Die Papaya essen. Dazu 1 Tasse Matetee trinken.

Abendessen:
2 Scheiben Ananas
6 Scheiben Puten-/ Hähnchenbrust in Aspik
1 Staude Chicorée
50 g frische Champignons
50 g Bambussprossen
2 EL fettarmer Joghurt
1 TL Sojasauce
1 EL Orangensaft
1 TL Tomatenketchup, Salz, Pfeffer, Curry
1 kleines Baguettebrötchen

Die Ananasscheiben auf einen Teller legen. Zwei Aspikscheiben in feine Streifen schneiden, die anderen diagonal halbieren und auf dem Teller anordnen. Den Chicorée längs halbieren, den Strunk herausschneiden und die Staudenhälften quer in feine Streifen schneiden. Die Pilze säubern und in Scheiben schneiden. Die Bambussprossen in feine Stifte schneiden. Chicorée, Champignons, Bambussprossen und Aspikstreifen mischen und den Salat mit einem Dressing aus Joghurt, Sojasauce, Orangensaft, Ketchup und Würzzutaten anmachen. Den Salat auf die Aspikscheiben geben und das Ganze mit Brot servieren. Dazu 1 Tasse Matetee trinken.

5. Exoten Tag
Frühstück:
1 Feige
1/2 Mango
1/2 kleine Banane
50 g Früchte- Müsli
100 g Buttermilch
Zitronensaft
Süßstoff
Feige achteln, Mango würfeln, Banane in Scheiben schneiden und mit dem Müsli mischen. Buttermilch mit Zitronensaft und Süßstoff abschmecken und unterheben. Dazu Früchtetee trinken.

Zwischenmahlzeit:
50 ml grüner Tee
75 ml Orangensaft
75 ml Ananassaft
Den ungesüßten Tee abkühlen lassen und mit den Säften vermischen.

Mittagessen:
100g Langkornreis
1/2 Mango
1 Frühlingszwiebel
1 Tomate
1 Scheibe gekochter Schinken
100g fettarmer Joghurt
Saft 1/2 Zitrone
1 EL gemischte Kräuter (frisch oder TK- Produkt)
Zucker, Curry, Salz, Pfeffer, Schnittlauch zum Garnieren

Reis nach Packungsanweisung zubereiten, abtropfen und abkühlen lassen. Die Hälfte des Reises für den Salat verwenden, den restlichen Reis für die nächste Zwischenmahlzeit zurückbehalten. Von der Mango zwei Spalten abschneiden, das restliche Fruchtfleisch in Würfel schneiden. Frühlingszwiebel in Ringe schneiden, Tomate würfeln und den Schinken in Streifen schneiden. Alle Zutaten in eine Schüssel geben und mischen. Joghurt mit Zitronensaft verrühren und mit gehackten Kräutern und Gewürzen abschmecken. Das Dressing über den Salat geben, durchmischen und durchziehen lassen. Den Reissalat mit Schnittlauch und Mangoscheiben garnieren. Dazu 1 Tasse Matetee trinken.

Zwischenmahlzeit:
gekochter Reis (vom Mittagessen)
1/2 Papaya
Papaya schälen, würfeln und unter den Reis heben.
Dazu 1 Tasse Matetee trinken

Abendessen:
1 Scheibe Vollkornbrot
2 EL körniger Frischkäse
125 g frische Ananas
1/2 Papaya
50 g fettreduzierten Camembert
Das Brot mit Frischkäse bestreichen. Ananas und Papaya in Stücke schneiden, mit dem Camembert zum Brot servieren. Dazu 1 Tasse Matetee trinken.

15 DIE APFELDIÄT

Äpfel sind besonders praktisch für unterwegs – fürs Büro oder zur Arbeit- da sie die ideale Zwischenmahlzeit sind. Sie sind fruchtig, lecker und frisch machen satt und haben nur wenige Kalorien. Sie sind gesund, da sie viel Kalium enthalten und den Körper schnell und wirksam entwässern. Zur Apfeldiät sollten Sie viel trinken, am besten kalorienfreie und zuckerfreie Getränke wie z.b. Mineralwasser, Früchtetee oder Matetee, die zusätzlich den Hunger dämpfen.

1. Apfel-Diät-Tag
Frühstück:
1 kleiner Apfel
1/2 rosa Grapefruit
50 g Früchte-Müsli
100 g fettarmer Joghurt
Süßstoff
Den Apfel in Stücke schneiden, die Grapefruit aus der Schale lösen, filetieren und quer schneiden. Mit dem Früchte-Müsli mischen. Joghurt zugeben und mit Süßstoff abschmecken. Dazu Früchtetee trinken.

Zwischenmahlzeit:
0,1 l Apfelsaft
5 EL Kirschsaft
Mineralwasser
Die Säfte vermischen und mit etwas Mineralwasser auffüllen.

Mittagessen:
50 g Naturreis
1 kleiner Apfel
100 g Weintrauben
0,2 l Frucht-Molke
Naturreis nach Packungsaufschrift zubereiten, abtropfen und abkühlen lassen. Inzwischen den Apfel vom Kerngehäuse befreien und klein schneiden. Die Trauben halbieren, Kerne entfernen. Das Obst unter den Reis heben. Dazu Fruchtmolke trinken.

Zwischenmahlzeit:
1 Scheibe Pumpernickel
25 g Magerquark
1/2 Apfel
1 TL Leinsamen

Pumpernickel mit Quark bestreichen. Den Apfel in dünne Spalten schneiden und das Brot damit belegen. Mit Leinsamen bestreuen. Dazu 1 Tasse Matetee trinken.

Abendessen:
50 g Naturreis
1 Apfel
1 Banane
Zitronensaft
Süßstoff
Naturreis nach Packungsaufschrift zubereiten und abkühlen lassen. Den Apfel schälen und vom Kerngehäuse befreien. Die Banane in kleine Stücke schneiden, mit Zitronensaft beträufeln, unter den Reis mischen, mit Süßstoff abschmecken. Dazu 1 Tasse Matetee trinken.

2. Apfel-Diät-Tag
Frühstück:
100 g Apfelkompott
100 g fettarmer Joghurt
50 g Haferflocken
Apfelkompott mit Joghurt verrühren und die Haferflocken unterheben. Dazu 1 Tasse Matetee trinken.

Zwischenmahlzeit:
0,1 l Buttermilch
0,1 l Apfelsaft
5 EL Karottensaft
1 Karotte
Buttermilch mit Apfelsaft und Karottensaft gut verrühren.Dazu eine Karotte essen.

Mittagessen:
50 g Naturreis
0,2 l fettarme Milch
Zitronensaft
1 TL Honig
150 g Apfelkompott
Naturreis mit 0,2 l fettarmer Milch aufkochen und ausquellen lassen, bis der Reis die Milch aufgenommen hat. Mit Zitrone und Honig abschmecken. Das Apfelkompott darüber geben. Dazu Früchtetee trinken.

Zwischenmahlzeit:
0,1 l Apfelsaft
Mineralwasser
1 Apfel
Apfelsaft mit etwas Mineralwasser auffüllen. Dazu einen Apfel essen.

Abendessen:
200 g fein gehobelter Rotkohl
1/4 TL Salz
1 TL Zucker
1 Msp Kümmel
3 El Essig
1 Prise Muskat
1 Prise Zimt
20 g Walnüsse
1 kleiner Apfel
1 Scheibe Pumpernickel
Mineralwasser
Rotkohl fein hobeln, mit salzen und mit den Händen kneten. Zucker, Essig, Kümmel und je 1 Prise Muskat und Zimt zugeben und abschmecken. Walnüsse grob hacken. Den Apfel schälen, vom Kerngehäuse befreien und in dünne Stifte schneiden. Mit den Nüssen unter den Salat heben. Dazu eine Scheibe Pumpernickel essen und Mineralwasser trinken.

3. Apfel-Diät-Tag
Frühstück:
1 Scheibe Toastbrot
50 g Magerquark
2 TL Konfitüre
1 Apfel
0,25 l Diät Kakao- Drink
Toastbrot quer durchschneiden und mit Magerquark und Konfitüre bestreichen. Dazu einen Apfel essen und den Kakao trinken.

Zwischenmahlzeit:
0,1 l Apfelsaft
Mineralwasser
Apfelsaft mit Mineralwasser auffüllen und trinken.

Mittagessen:
40 g Weizenmehl
6 EL fettarme Milch
1 Ei
1 Prise Salz
Süßstoff
Zimt
1 Apfel
ÖL
Aus Weizenmehl, Milch und dem Ei einen Pfannkuchenteig zubereiten. Mit einer Prise Salz, Süßstoff und Zimt abschmecken. Den Apfel vom Kerngehäuse befreien und in Scheiben schneiden. In eine beschichtete Pfanne etwas Öl geben, erhitzen und die Hälfte des Teiges hinein gießen. Wenn die Masse stocket, die Apfelscheiben zugeben und den Rest des Teiges darüber verteilen. Den Pfannkuchen goldgelb ausbacken, anschließend wenden. Dazu 1 Tasse Matetee trinken.

Zwischenmahlzeit:
1 Scheibe Knäckebrot
50 g körniger Frischkäse
1 Apfel
Knäckebrot mit körnigem Frischkäse bestreichen. 1/2 Apfel in Scheiben schneiden(den restlichen Apfel aufbewahren) und das Brot damit belegen.
Dazu Früchtetee trinken.

Abendessen:
1 kleine Möhre
75 g Kohlrabi
1 Stängel Stangensellerie
100 g Salatgurke
1/4 rote Paprikaschote
2 Radieschen
1/2 Apfel
20 g geriebener Käse
1 EL Öl
1-2 TL Essig
Pfeffer, Salz
Möhre und Kohlrabi in Stifte schneiden. Stangensellerie und Salatgurke in Scheiben, rote Paprikaschote in Streifen schneiden, Radieschen vierteln, den halben Apfel in Spalten schneiden.

Alles in einem großen Teller anrichten und den geriebenen Käse darüber verteilen. Aus Öl und Essig ein Dressing zubereiten, mit Pfeffer und Salz abschmecken und über den Salat träufeln. Dazu Früchtetee trinken.

4. Apfel-Diät-Tag

Frühstück:
0,1 l Möhrensaft
1 Apfel
50 g Cornflakes
100 g fettarmer Joghurt
Den Apfel würfeln, mit den Cornflakes mischen und mit dem cremig gerührten Joghurt übergießen. Dazu Möhrensaft trinken.

Zwischenmahlzeit:
0,1 l Johannisbeer-Nektar
Mineralwasser
Johannisbeer-Nektar mit Mineralwasser auffüllen.

Mittagessen:
40 g Langkorn-Reis
1/2 Zwiebel
1 kleine Möhre
1 Apfel
125 g Kabeljaufilet
1 EL Zitronensaft
2 TL Öl
Pfeffer, Salz, Curry
Süßstoff
1 TL gehackte Pistazien
1 TL Kokosraspel
Petersilie
Langkorn-Reis nach Packungsaufschrift kochen. Zwiebel schälen und in Würfel, Möhre in Stifte, den Apfel halbieren, eine Hälfte in Spalten schneiden, die zweite Hälfte für die Zwischenmahlzeit aufbewahren. Das Kabeljaufilet säubern, mit Zitronensaft beträufeln und mundgerecht würfeln. Öl erhitzen, Zwiebeln und Möhren darin ca. 5 Minuten dünsten. Apfelspalten und Fisch zugeben, mit Pfeffer, Salz und Curry würzen. Abgedeckt bei geringer Hitze 10 Minuten garen. Mit Süßstoff abschmecken. Den Reis mit den Pistazien mischen und zusammen mit dem Fischcurry servieren.

Mit Kokosraspeln bestreuen und mit etwas Petersilie garnieren. Dazu Mineralwasser trinken.

Zwischenmahlzeit:
2 Möhren
1/2 Apfel (vom Mittag)
50 g fettarmer Joghurt
Zitronensaft, Süßstoff
Die Möhren und den halben Apfel grob raspeln, Joghurt mit Zitrone und Süßstoff abschmecken, darübergeben und durchziehen lassen.

Abendessen:
1 Baguettebrötchen
50 g fettreduzierter Leberwurst
1 Stück Salatgurke
1/2 Apfel
Baguettebrötchen halbieren, mit Leberwurst bestreichen. Gurke in Scheiben, Apfel in Spalten schneiden und das Brot damit belegen. Dazu 1 Tasse Matetee trinken.

5. Apfel-Diät-Tag
Frühstück:
1 Apfel
100 g Weintrauben
30 g Haferflocken
100 g fettarmer Joghurt
Apfel vierteln und in Spalten schneiden, Weintrauben halbieren und entkernen. Mit den Haferflocken mischen und unter das Obst heben. Joghurt cremig rühren und darüber gießen.
Dazu Mineralwasser trinken.

Zwischenmahlzeit:
0,1 l naturtrüber Apfelsaft
0,1 l Mineralwasser
5 EL Holundersaft
Apfelsaft, Mineralwasser und Holundersaft verquirlen vermischen und trinken.

Mittagessen:
150 g Rotbarsch-Filet
1/4 l Gemüsebrühe
1 Apfel
1 Orange
1 Stange Staudensellerie
100 g Joghurt
1 EL Zitronensaft
1/2 TL Senf
Salz, Curry
Fischfilet in der Gemüsebrühe garen und abkühlen lassen. Apfel vom Kerngehäuse befreien, in dünne Spalten schneiden und diese nochmals halbieren. Orange schälen, filetieren und in kleine Stücke schneiden. Staudensellerie in dünne Scheibchen schneiden. Fischfilet in Stücke zerpflücken und unter das Obst und Gemüse heben. Joghurt mit Zitronensaft verrühren, mit Senf, Salz und Curry abschmecken und kurz durchziehen lassen. Dazu 1 Tasse Matetee trinken.

Zwischenmahlzeit:
1 Scheibe Knäckebrot
50 g Magerquark
1/2 Apfel
Knäckebrot mit Quark bestreichen. Mit einem halben, in Scheiben geschnittenen Apfel belegen. Dazu Früchtetee trinken.

Abendessen:
1 Apfel
2 Möhren
50 g fettreduzierter Camembert
1 TL Rosinen
100 g Natur-Joghurt
Zitrone, Süßstoff
Apfel in dünne Spalten schneiden, Möhren in Stifte raspeln, Camembert würfeln. Alles miteinander mischen und mit Rosinen bestreuen Joghurt cremig rühren, mit Zitrone und Süßstoff abschmecken und darüber geben.
Dazu 1 Tasse Matetee trinken.

16 DIE KNACKIGE SALATDIÄT

Mit viel Geschmack und Abwechslung und ideal für die schlanke Linie!
Bitte verwenden Sie nur leichte Dressings aus: fettarmen Joghurt, Buttermilch, Kefir oder saurer Sahne. Bei einem Dressing aus Essig und Öl immer hochwertige Öle verwenden.

1. Knackiger Salat Tag

Frühstück:
1 Brötchen nach Wahl
1 Tl Halbfett- Butter oder -Margarine/ Landrahm / Frischkäse
1 Scheibe gekochter Schinken
1 Tomate
0,1 l Gemüsesaft
Pfeffer
Brötchen halbieren, die Hälften mit Butter bestreichen und mit Schinken und Tomatenscheiben belegen. Dazu Gemüsesaft mit Pfeffer abschmecken und trinken.

Zwischenmahlzeit:
300 g Obst (wie z. B. Banane, Orange, Kiwi, Papaya, Mango, Beeren)
Die Früchte klein schneiden und auf einem Teller anrichten. Dazu 1 Tasse Matetee trinken.

Mittagessen:
1 Hähnchenbrustfilet
1 Tl Öl
2 EL mexikanische Sauce
1 EL Quark
2 EL frische Kräuter
1/2 frischer Salat
1 Chicorée-Staude
1/2 grüne Paprika
1/2 gelbe Paprika
1 rote Zwiebel
1 Tomate
Radieschen
Zitronensaft
Salz, Pfeffer
Paprika in Streifen, Radieschen in Stifte, Tomate in Würfel schneiden. Chicorée vom Strunk befreien und halbieren. Die Zwiebel in Ringe schneiden.

Hähnchenbrust mit Öl bestreichen und würzen. In einer beschichteten Pfanne von beiden Seiten braten. Inzwischen den Salat anrichten und mit Zitronensaft beträufeln. Quark mit den Kräutern verrühren, mit Zitrone, Salz und Pfeffer abschmecken. Hähnchenfilet aufschneiden, mit mexikanischer Sauce und dem Quark- Dipp anrichten. Dazu 1 Tasse Matetee trinken.

Zwischenmahlzeit:
1 Schale Erdbeeren
Erdbeeren essen. Dazu Früchtetee trinken.

Abendessen:
250 g gekochte Pellkartoffeln
1/2 Bund Rucola
1/4 Salatgurke
Radieschen
1 EL Öl
1 EL Essig
2 EL Gemüsebrühe
1/2 TL Senf
Salz, Pfeffer
1 EL Schnittlauchröllchen
Kartoffeln in Scheiben, Gurke in Stifte und Radieschen in Scheiben schneiden. Öl mit Essig, Gemüsebrühe und Senf verrühren und mit Salz und Pfeffer abschmecken. Das Salatdressing zusammen mit den Schnittlauchröllchen, dem Rucola und den Gurkenscheiben vorsichtig unter die Kartoffelscheiben heben. Dazu 1 Tasse Matetee trinken.

2. Knackiger Salat Tag
Frühstück:
1 Ei
2 EL frische Kräuter (ersatzweise TK)
Pfeffer, Salz
1 EL Öl
1 Frühlingszwiebel
100 g frische Champignons
1 Scheibe Roggenvollkornbrot
0,2 l Tomatensaft
Das Ei mit den Kräutern verquirlen und mit Pfeffer und Salz würzen. In einerbeschichteten Pfanne das Öl erhitzen, die Frühlingszwiebel und die Pilze in Scheiben schneiden und darin andünsten.

Die Eimasse darüber geben und ein Rührei zubereiten. Das Rührei auf dem Brot verteilen. Dazu Tomatensaft trinken.

Zwischenmahlzeit:
1/4 Banane
1/2 Kiwi
1/4 Mango
Erdbeeren
100 g fettarmer Joghurt
Süßstoff
Joghurt cremig rühren, süßen und mit den klein geschnittenen Früchten anrichten. Dazu 1 Tasse Matetee trinken.

Mittagessen:
250 g Tomaten
1 EL Mais
1 EL Schnittlauchröllchen
1/2 Zwiebel
1/2 Knoblauchzehe
1 Becher Saure Sahne
1 EL Zitronensaft
Salz, Pfeffer
1 Baguettebrötchen
Tomaten achteln, Maiskörner und Schnittlauch zugeben und in einer Schüssel vermischen. Zwiebel und Knoblauchzehe klein schneiden. Saure Sahne mit Zitronensaft cremig rühren, mit Zwiebel, Knoblauch, Salz und Pfeffer abschmecken und über den Salat geben. Dazu das Brötchen essen und Matetee trinken.

Zwischenmahlzeit:
0,1 l Gemüsesaft
0,1 l Möhrensaft
Pfeffer, Salz
Die Säfte mischen und mit Pfeffer und Salz würzen.

Abendessen:
1 Salatgurke
1 Becher Saure Sahne
Zitronensaft
Dill
Salz, Pfeffer
1 Baguettebrötchen

Gurke in kleine Stücke schneiden. Saure Sahne cremig rühren, mit Zitronensaft, Salz, Pfeffer und Dill abschmecken und über die Gurken gießen. Dazu Baguettebrötchen essen und Kräutertee trinken.

3. Knackiger Salat Tag
Frühstück:
2 Scheiben Vollkornbrot
50 g körniger Frischkäse
100 g Erdbeeren
Brote mit Frischkäse bestreichen. Erdbeeren in Scheiben schneiden und die Brote damit belegen. Dazu Früchtetee trinken.

Zwischenmahlzeit:
150 g Knollensellerie
1 Apfel
1 Scheibe Ananas (aus der Dose)
100 g fettarmer Joghurt
Saft 1/2 Zitrone
Salz, Pfeffer
Sellerie und Apfel in dünne Streifen schneiden und mit Zitronensaft beträufeln. Ananas in kleine Stücke schneiden. Den Joghurt unterheben, mit Salz und Pfeffer abschmecken. Dazu 1 Tasse Matetee trinken.

Mittagessen:
Einige Salatblätter
1 gelbe Paprikaschote
2 Tomaten
1 Bund Radieschen
1 Stängel Stangensellerie
1 kleine Fenchelknolle
1 hartgekochtes Ei
1 Scheibe Weißbrot
100 g fettarmer Joghurt
1 Tl Essig
Schnittlauch, Petersilie
Salz, Pfeffer
Paprika in Streifen, Stangensellerie und Fenchel in Stücke, Radieschen in Scheiben und Tomaten in Achtel schneiden und in einer Schüssel geben. Das Brot toasten, in Würfel schneiden und über den Salat geben. Mit Eischeiben garnieren.

Joghurt mit Essig glattrühren, mit Kräutern und Gewürzen abschmecken und über den Salat geben. Dazu Mineralwasser trinken.

Zwischenmahlzeit:
0,2 l Möhrensaft

Abendessen:
100 g grüne Bohnen
50g gewürfelten rohen Schinken
1 Tomate
1 Zwiebel
50 g fettreduzierter Camembert
2 EL Mais (aus der Dose)
1 Becher Saure Sahne
1 EL Zitronensaft
1/4 Knoblauchzehe
Salz, Pfeffer
Die Bohnen in wenig Salzwasser bissfest garen, abtropfen und auskühlen lassen. Tomate in dünne Spalten schneiden. Die Zwiebel würfeln. Den Camembert würfeln. Die Zutaten und die Maiskörner mischen. Den Schinken, in einer beschichteten Pfanne kurz anbraten und über den Salat verteilen. Für das Dressing Saure Sahne mit Zitronensaft verrühren, mit Pfeffer, Salz und etwas frisch gepresstem Knoblauch abschmecken und über den Salat geben. Dazu Kräutertee trinken.

4. Knackiger Salat Tag
Frühstück:
200 g gemischte Beerenfrüchte (Erdbeeren, Himbeeren, Heidelbeeren)
150 g fettarmer Joghurt
Die Früchte kleinschneiden und mit dem Joghurt mischen. Dazu 1 Tasse Fastentee trinken.

Zwischenmahlzeit:
1/2 Orange
1 Kiwi
50 g Erdbeeren
100 g fettarmer Joghurt
Zitronensaft
Süßstoff

Die Früchte kein schneiden und mischen. Joghurt mit Zitrone und Süßstoff abschmecken und unter die Früchte heben.

Mittagessen:
125 g Tofu
1 TL Sojasauce
2 TL Öl
1 kleines Stück Ingwer, gehackt
½ Knoblauchzehe, gehackt
1 Möhre
1 Zucchini
1/2 rote Paprika
1 Frühlingszwiebel
1 Tomate
Tofu in Würfel schneiden. Sojasauce und Öl verrühren, mit Ingwer und Knoblauch würzen. Die Sauce über die Tofuwürfel gießen, alles gut vermischen und 1 Stunde marinieren lassen. Die Möhre in feine Stifte, die Zucchini in kleine Würfel schneiden. Paprika in kleine Stücke, die Frühlingszwiebel in Ringe schneiden. Die Tomate würfeln. Das Gemüse vorsichtig mit dem Tofu vermengen und auf einem Teller anrichten.

Zwischenmahlzeit:
200 g Möhren
Möhren putzen und roh essen. Dazu 1 Tasse Matetee trinken.

Abendessen:
3 Tomaten
½ Salatgurke
1 Zwiebel
6 schwarze Oliven
50 g fettreduzierter Feta- Käse
1 EL Öl
1 EL Balsamico Essig
1/2 Knoblauchzehe
Salz, Pfeffer
Tomaten in achtel, die Gurke in Scheiben, die Zwiebel in Ringe schneiden. Feta- Käse würfeln. Alles mit den Oliven in einer Schüssel anrichten. Aus Öl und Essig ein Dressing zubereiten, mit Knoblauch, Salz, Pfeffer abschmecken und über den Salat geben. Dazu 1 Tasse Matetee trinken.

5. Knackiger Salat Tag

Frühstück:
1 frische Feige
100 g Beerenfrüchte (z. b. Himbeeren, Heidelbeeren)
3 EL Haferflocken
1 EL Kleie
1 TL Vanillezucker
100 g fettarmer Joghurt
Die Feige in Scheiben schneiden, die Beeren waschen, putzen bzw. auftauen. Mit Haferflocken und Kleie mischen. Joghurt mit Vanillezucker verquirlen und darüber geben. Kurz durchziehen lassen. Dazu Mineralwasser trinken.

Zwischenmahlzeit:
200 g Früchte nach Wahl
Zitronensaft
Süßstoff
Früchte klein schneiden, mischen und mit Zitrone und Süßstoff abschmecken. Dazu Früchtetee trinken.

Mittagessen:
150 g gegartes Fisch- Filet
1 Apfel
1 Orange
1 Stange Staudensellerie
100 g fettarmen Joghurt
1 EL Zitronensaft
1/2 TL Senf
Curry
Apfel in dünne Spalten, Orange in kleine Stücke schneiden. Staudensellerie in dünne Scheibchen schneiden. Fischfilet in gabelgerechte Stücke zerpflücken und unter das Obst- und Gemüse heben. Joghurt mit Zitronensaft verrühren, mit Senf, Salz und Curry pikant abschmecken. Kurz durchziehen lassen. Dazu Mineralwasser trinken.

Zwischenmahlzeit:
0,2 l Tomatensaft

Abendessen:
1 Zucchini
2 Tomaten
½ Kugel fettreduzierten Mozzarella
Öl
1 EL Zitronensaft
Salz, Pfeffer
1/2 feingehackte Knoblauchzehe
1 EL gemischte Kräuter
Die Zucchini in Scheiben hobeln. 1 TL Öl in einer beschichteten Pfanne erhitzen und die Zucchinischeiben von beiden Seiten kurz anbraten. Die Tomaten und den Mozzarella in Scheiben schneiden. Alle Zutaten abwechselnd auf einen Teller schichten. Aus 1 EL Öl, Zitronensaft, Salz, Pfeffer, Knoblauch und Kräuter zu einer Vinaigrette rühren und über Gemüse und Mozzarella träufeln. Dazu 1 Tasse Matetee trinken.

6. Knackiger Salat Tag
Frühstück:
2 Scheiben Kürbiskernbrot
100 g körniger Frischkäse
1/2 Bund Radieschen
1/4 Beet Kresse
Die Brote mit Frischkäse bestreichen und mit Radieschenscheiben und Kresse belegen. Die restlichen Radieschen dazu essen. Dazu Matetee trinken.

Zwischenmahlzeit:
1 Bund Radieschen
100 g fettarmer Joghurt
Zitronensaft
Salz, Pfeffer
¼ Beet Kresse
Radieschen in Scheiben schneiden. Joghurt mit Zitronensaft verrühren und mit Salz und Pfeffer würzen. Unter die Radieschen heben, mit Kresse bestreuen. Dazu 1 Tasse Matetee trinken.

Mittagessen:
einige Salatblätter
1 Tomate
2 grüne Peperoni aus dem Glas
10 schwarze Oliven
50 g fettreduzierter Feta- Käse
1 rote Zwiebel, in Ringe geschnitten
1 EL Öl
2 TL Essig
Salz, Pfeffer
Salatblätter in mundgerechte Stücke zupfen. Tomate in vierteln. Peperoni, schwarze Oliven und Feta abtropfen lassen. Peperoni quer halbieren. Feta- Käse in Scheiben schneiden. Alles auf einem Teller anrichten und die Zwiebelringe darüber geben. Aus Olivenöl, Essig und Salz ein Dressing zubereiten und über den Salat geben. Mit Pfeffer bestreuen. Dazu 1 Tasse Matetee trinken.

Zwischenmahlzeit:
250 g Wassermelone
Melone essen. Dazu 1 Tasse Matetee trinken.

Abendessen:
1 Fenchelknolle
100 g fettarmer Joghurt
50 g Krabben (frisch oder TK)
1 TL Öl
1 TL Essig
Pfeffer, Salz
1 EL Petersilie
1 Vollkornbrötchen
Fenchelknolle in dünne Scheiben schneiden. Auf einem Teller zusammen mit den Krabben anrichten. Joghurt mit Öl, Essig und den Gewürzen verrühren, abschmecken und darüber geben. Das Brötchen dazu essen und Kräutertee trinken.

7. Knackiger Salat Tag

Frühstück:
1 Pfirsich
100 g Honigmelone
50 g Erdbeeren
1/2 Kiwi
50 g Früchtemüsli
1 TL Sonnenblumen-Kerne
100 g fettarmer Joghurt
Pfirsich in Scheiben schneiden. Aus dem Melonenfleisch Kugeln ausstechen. Erdbeeren und Kiwi klein schneiden. Die Früchte unter das Müsli heben und mit Sonnenblumen-Kernen bestreuen. Joghurt cremig rühren und über das Müsli geben. Dazu 1 Tasse Matetee trinken.

Zwischenmahlzeit:
2 Tomaten
½ Kugel fettreduzierten Mozzarella
1 TL Öl
1 TL Balsamico Essig
Salz, Pfeffer
Basilikumblättchen
Tomaten und Mozzarella in Scheiben schneiden und auf einem Teller anrichten. Aus den restlichen Zutaten ein Dressing zubereiten und über die Tomaten träufeln. Mit geschnittenen Basilikumblättchen garnieren. Dazu 1 Tasse Matetee trinken.

Mittagessen:
100 g Putenbrust
1 TL Öl
Salz, Pfeffer
1/2 Orange
1 Stange Staudensellerie
2 Scheiben Ananas
100 g fettarmen Joghurt
Zitronensaft
1 Scheibe Vollkorn-Toast
Putenbrust in Streifen schneiden. Eine beschichtete Pfanne mit Öl ausstreichen und das Fleisch darin schön knusprig anbraten. Salzen und pfeffern. Orange filetieren, die Selleriestange in Scheiben und die Ananas in Stücke schneiden.

Alles auf einem Teller anrichten. Joghurt mit etwas Zitronensaft cremig rühren, mit Süßstoff abschmecken und zu dem Salat reichen. Mit einer Scheibe Toastbrot essen. Dazu Früchtetee trinken.

Zwischenmahlzeit:
1 Bund Radieschen
Radieschen putzen und essen. Dazu Matetee trinken.

Abendessen:
1 gelbe Paprika
1 rote Paprika
1/2 Gurke
1 Zwiebel
2 Möhren
einige Salatblätter
einige Cocktailtomaten
100 g Kidneybohnen
2 EL frische Sprossen
1 Becher saure Sahne
1 EL fettarmer Joghurt
1 EL Essig
Pfeffer, Salz
Paprika würfeln. Gurke in Scheiben, Zwiebel in Ringe schneiden, Möhren längs vierteln und auf den Salatblättern anrichten. Cocktailtomaten und Kidneybohnen zugeben und mit frischen Sprossenbestreuen. Saure Sahne mit Joghurt und 1 EL Essig verrühren, mit Pfeffer und Salz abschmecken und dazu reichen. Dazu Kräutertee trinken.

17 DIE LECKERE PASTA- DIÄT

Die Reduktions- Diät mit nur 1200 kcal am Tag!
Mit 5 Mahlzeiten pro Tag, die täglich unter 30g Fett liegen.
Die Nudel-Diät ist daher ideal für alle, die ein paar Pfund abnehmen wollen, ohne auf Geschmack und Genuss zu verzichten.
Nudeln sind keine Dickmacher!
Hier die Fakten:
100 g gekochte Hartweizen-Nudeln enthalten:
145 kcal,
6 g Eiweiß,
29 g Kohlenhydrate und
nur 0,5 g Fett.
Dazu:
wichtige Vitamine der B-Gruppe
wertvolle Mineralstoffe wie z. B. Kalium, Magnesium, Eisen und Zink.
Die Vorteile der Nudeln:
Schnelle und problemlose Zubereitung
Ideal zu Fisch, Fleisch, Geflügel und Salaten
Nudeln sättigen und die Sättigung hält lange an, da die enthaltenen Kohlenhydrate nur langsam abgebaut werden.

1. Leckerer Pasta TAG:
Frühstück:
1 Scheibe Schwarzbrot
50 g körniger Frischkäse
200 g Weintrauben
Schwarzbrot mit körnigem Frischkäse bestreichen. Dazu Trauben essen.
Dazu Kräutertee trinken.

Zwischenmahlzeit:
2 Scheiben Roggen- Vollkorn- Knäckebrot
75 g Magerquark
2 Frühlingszwiebeln
1 Bund Radieschen
1 EL Schnittlauchröllchen
Radieschen putzen und waschen. Die Hälfte davon in Scheiben
schneiden. Knäckebrot mit Quark bestreichen, mit Frühlingszwiebeln und Radieschenscheiben belegen und mit Schnittlauch bestreuen. Die restlichen Radieschen dazu essen. Dazu 1 Tasse Matetee trinken.

Mittagessen:
50 g Bandnudeln
1 Möhre
100 g Schweinefilet
1 TL Öl
Salz, Pfeffer
5 EL fettarme Milch
30 g Blauschimmelkäse
1 TL Stärke
Petersilie
Nudeln nach Packungsanweisung zubereiten. Die Möhre in dünne Scheiben schneiden und die letzten 5 Minuten im Nudelwasser mitkochen. Schweinefilet in Scheiben schneiden und in heißem Öl in einer beschichteten Pfanne kräftig von beiden Seiten anbraten, salzen und pfeffern. Die Milch erhitzen und den Roquefort darin auflösen, mit etwas Stärke binden und mit Salz und Pfeffer abschmecken. Nudeln mit Möhren abgießen, mit den Filetscheiben und der Käse-Sauce anrichten und mit Petersilie garnieren. Dazu Früchtetee trinken.

Zwischenmahlzeit:
0,2 l Buttermilch
3 EL Orangen-Nektar
1 TL Haferkleie
Buttermilch mit Orangen-Nektar und Haferkleie mischen.

Abendessen:
50 g Nudeln
1 TL Öl
1/2 feingehackte Knoblauchzehe
100 g Krabben oder Scampi
1 Stange Staudensellerie
50 g Schmand
2 EL fettarme Milch
2 TL Zitronensaft
Salz, Pfeffer
Nudeln kochen, abtropfen und abkühlen lassen. Knoblauch in Öl andünsten. Scampi zugeben und von beiden Seiten 2-3 Minuten braten. Staudensellerie mit Grün in dünne Scheiben schneiden. Die Nudeln, Scampi und Staudensellerie vorsichtig mischen. Schmand mit der Milch verrühren, mit Zitrone, Salz und Pfeffer abschmecken, über die Nudeln geben. Dazu 1 Tasse Matetee trinken.

2. Leckerer Pasta TAG:
Frühstück:
1 Scheibe Vollkornbrot
20 g Halbfettbutter
1 hart gekochtes Ei
1/2 Bund Radieschen
Pfeffer
Schnittlauchröllchen
Ei und einige Radieschen in Scheiben schneiden. Brot mit Butter bestreichen und mit Ei- und Radieschenscheiben belegen. Restliche Radieschen dazu servieren. Brot pfeffern und mit Schnittlauchröllchen bestreuen. Dazu 1 Tasse Matetee trinken.

Zwischenmahlzeit:
1 Birne
0,2 l fettarmer Kefir
1 EL Haferflocken
Zimt
Die Birne vom Kerngehäuse befreien, in Stücke schneiden und mit dem Kefir und den Haferflocken fein pürieren. Mit Zimt abschmecken.

Mittagessen:
50 g Bandnudeln
1 TL Öl
200 g frische Champignons
Saft einer halben Zitrone
Salz, Pfeffer
1/2 Bund Schnittlauch (ersatzweise TK- Produkt)
100 g Krabben
Nudeln nach Packungsangabe garen. Inzwischen Champignons putzen, in Scheiben schneiden und mit Zitronensaft beträufeln, in einer beschichteten Pfanne in heißem Öl kurz anbraten. Mit Salz und Pfeffer würzen. Nudeln abgießen, kurz kalt abschrecken und zu den Pilzen in die Pfanne geben. Mit Schnittlauchröllchen mischen, kurz erhitzen und mit dem Krabbenfleisch anrichten. Dazu Früchtetee trinken.

Zwischenmahlzeit:
2 Scheiben Knäckebrot
50 g körniger Frischkäse
50 g Weintrauben

Trauben halbieren, die Kerne entfernen. Unter den Frischkäse heben und die Brote damit belegen. Dazu 1 Tasse Matetee trinken.

Abendessen:
50 g Nudeln nach Wahl
1 kleine Dose Erbsen mit Möhren
½ kleine Dose Champignons in Scheiben
1 Scheibe fettreduzierten Käse nach Wahl
2 Scheiben gekochter Schinken
1 EL Essig
1/2 EL gemischte Kräuter (Frisch oder TK- Produkt)
Salz, Pfeffer
2 TL Öl
Nudeln nach Packungsanweisung garen, abgießen, abtropfen und abkühlen lassen. Erbsen mit Möhren und die Champignons abtropfen lassen. Käse und Schinken in Würfel schneiden. Essig mit Kräutern, Salz und Pfeffer und Öl verrühren. Alle Zutaten mit dem Dressing vermischen und kurz durchziehen lassen. Dazu 1 Tasse Matetee trinken.

3. Leckerer Pasta TAG:
Frühstück:
1 Scheibe Vollkornbrot
50 g Magerquark
2 TL Konfitüre
0,25 l Diät Kakao-Trunk
Quark mit Mineralwasser glatt rühren. Brot mit Quark und Konfitüre bestreichen. Dazu Kakao und Matetee trinken.

Zwischenmahlzeit:
1 Scheibe Vollkorn- Knäckebrot
1 TL Halbfettbutter
50 g fettreduzierter Camembert
Radieschen und gemischte Kräuter
Knäckebrot mit Butter bestreichen, mit Camembert belegen und mit einigen Radieschen und Kräutern garnieren. Dazu 1 Tasse Matetee trinken.

Mittagessen:
1 Tomate
1 Frühlingszwiebel
1 Stange Staudensellerie
1 Möhre
1 TL Öl
0,5 l Hühnerbrühe
100 g mageres Putenfilet
50 g Nudeln nach Wahl
Salz, Pfeffer
Paprikapulver
Tomate kurz in heißes Wasser geben, abhäuten, halbieren und die Kerne entfernen. Frühlingszwiebel, Sellerie und Möhre in Ringe bzw. in Scheiben, Tomate in Würfel schneiden. Öl erhitzen und das Gemüse darin kurz dünsten. Putenfleisch in mundgerechte Stücke schneiden. Hühnerbrühe aufkochen. Nudeln und Putenfleisch zufügen. Bei milder Hitze 10 Minuten garen. Mit Salz, Pfeffer und Paprikapulver abschmecken. Dazu Früchtetee trinken.

Zwischenmahlzeit:
0,2 l Buttermilch
2 EL Sanddorn-Orangen-Nektar
1 EL Kleie
Buttermilch mit Sanddorn-Orangen-Nektar und Kleie mischen.

Abendessen:
50 g kurze Nudeln
2 Fleischtomaten
1 Zwiebel
1 Zucchini
1 TL Öl
1 EL Gemüsemais (aus der Dose)
gehackte Petersilie
Salz, Pfeffer
Paprikapulver
50 g fettreduzierter Feta- Käse
Nudeln nach Packungsanweisung garen, abgießen und abtropfen lassen. Deckel der Fleischtomaten abschneiden, Tomaten aushöhlen und umgedreht abtropfen lassen. Zwiebel und Zucchini würfeln und im heißen Öl ca. 5 Minuten dünsten. Nudeln, Mais und Petersilie zugeben und abschmecken.

Die Masse in die Fleischtomaten geben und diese in eine Auflaufform setzen. Feta- Käse würfeln und über die Tomaten streuen. Im vorgeheizten Backofen bei 200° C ca. 20 Minuten backen. Dazu Mineralwasser trinken.

4. Leckerer Pasta Tag

Frühstück:
1 Vollkorn-Brötchen
1 TL Frischkäse
1 TL Konfitüre
1 Kiwi
Brötchen halbieren, mit Frischkäse und Konfitüre bestreichen. Dazu eine Kiwi essen und Früchtetee trinken.

Zwischenmahlzeit:
1 Kiwi
50 g Weintrauben
100 g fettarmer Joghurt
1 EL Kleie
Kiwi schälen und in Würfel schneiden. Die Trauben halbieren und die Kerne entfernen. Joghurt cremig rühren, über die Früchte geben, mit Kleie bestreuen. Dazu 1 Tasse Matetee trinken.

Mittagessen:
50 g Nudeln nach Wahl
1 gelbe Paprika
1/2 Knoblauchzehen
2 Sardellenfilets
1 TL Öl
5 grüne Oliven
Pfeffer
Nudeln nach Packungsanweisung kochen. Inzwischen Paprika in Streifen schneiden und in dem Öl ca. 5 Minuten anschwitzen. Knoblauchzehe fein hacken. Sardellenfilets abspülen, trocken tupfen und grob hacken. Knoblauch und Sardellenstückchen zu den Paprikastreifen geben und weitere 5 Minuten leicht erhitzen. Die abgetropften Nudeln und die in Scheiben geschnittenen Oliven unterheben und kurz mit erhitzen. Mit Pfeffer bestreuen. Dazu Früchtetee trinken.

Zwischenmahlzeit:
2 Scheiben Knäckebrot
50 g Magerquark
1 EL Buttermilch
1 EL gemischte Kräuter (frisch oder TK- Produkt)
Pfeffer, Salz
Quark mit Buttermilch cremig rühren, Kräuter unterheben und abschmecken. Kräuterquark auf den Scheiben verteilen. Dazu 1 Tasse Matetee trinken.

Abendessen:
200 g gegarte Nudeln nach Wahl
1/2 gelbe Paprika
1/2 rote Paprika
50 g geräuchertes Lachsforellenfilet
½ Kugel fettreduzierten Mozzarella
2 TL Öl
1 EL Zitronensaft
Dill (frisch oder TK- Produkt)
Paprika putzen, halbieren und in feine Scheiben schneiden. Forellenfilet in mundgerechte Stücke zerteilen, Mozzarella in Scheiben schneiden. Alles unter die Nudeln mischen. Aus Öl und Zitrone ein Dressing bereiten, mit Pfeffer abschmecken und unter den Salat heben. Etwas Dill darüber geben. Dazu Kräutertee trinken.

5. Leckerer Pasta TAG
Frühstück:
1/2 Banane
100 g Himbeeren (frisch oder TK- Produkt)
30 g Haferflocken
1 EL Weizenkleie
150 g fettarmer Joghurt
Banane in Scheiben schneiden, Himbeeren putzen bzw. auftauen lassen. Haferflocken und Kleie mischen und zu den Früchten geben. Joghurt cremig rühren und über das Müsli gießen. Dazu 1 Tasse Matetee trinken.

Zwischenmahlzeit:
0,2 l fettarmer Kefir
1/2 Banane
Zimt
Kefir mit der Banane im Mixer verquirlen und mit Zimt abschmecken.

Mittagessen:
50 g Nudeln nach Wahl
100 g Putenbrustfleisch
1 TL Öl
½ Zwiebel
1 Scheibe Kochschinken
50 g frische Champignons
3 EL Kaffeesahne
4 EL Hühnerbrühe
Salz, Pfeffer, Kräuter
Nudeln nach Packungsanweisung zubereiten, abgießen und abtropfen lassen. Inzwischen Putenfleisch würfeln und im erhitzten Öl in einer beschichteten Pfanne anbraten. Zwiebel fein hacken, Schinken würfeln, und Champignons in Scheiben schneiden. Alles mit in die Pfanne geben und mitdünsten. Kaffeesahne und Hühnerbrühe zufügen und abschmecken. Nudeln mit Kräutern bestreuen und mit dem Putenfleisch servieren. Dazu Früchtetee trinken.

Zwischenmahlzeit:
1 Scheibe Knäckebrot
1 TL Frischkäse
2 TL Konfitüre
Knäckebrot mit Frischkäse und Konfitüre bestreichen. Dazu 1 Tasse Matetee trinken.

Abendessen:
50 g Spaghetti
1 TL Öl
100 ml Tomaten- Nudelsauce
1 TL geriebener Parmesan
Oregano, Basilikum
Spaghetti nach Packungsanleitung kochen, abschrecken und abtropfen lassen. Nudeln mit zwei Gabeln zu kleinen Nestern formen, in eine flache Auflaufform setzen. Nudelsauce in die Nester füllen und mit Parmesan bestreuen. Im vorgeheizten Backofen bei 225° C gratinieren. Anschließend mit Kräutern bestreuen. Dazu Früchtetee trinken.

6. Leckerer Pasta TAG

Frühstück:
1 Scheibe Vollkornbrot
1 TL Frischkäse
1 EL gehackte Petersilie
1 Scheibe Kochschinken
1/ 4 Salatgurke
einige Radieschen
0,2 l Tomatensaft
Pfeffer

Brot mit Frischkäse bestreichen, mit gehackter Petersilie und Schinken belegen. Gurke in Scheiben schneiden und mit den Radieschen und dem Brot anrichten. Dazu Tomatensaft, mit Pfeffer abschmecken und trinken.

Zwischenmahlzeit:
1/2 Orange
1 Kiwi
50 g Erdbeeren
100 g fettarmer Joghurt
Zitronensaft, Süßstoff

Orange filetieren und die Filets quer schneiden. Kiwi schälen und in Scheiben schneiden, und Erdbeeren halbieren. Die Früchte mischen. Joghurt mit Zitrone und Süßstoff abschmecken und unter die Früchte heben. Dazu 1 Tasse Matetee trinken.

Mittagessen:
50 g Bandnudeln
100 g Lachsforelle
2 TL Öl
1/2 rote Chili
1/2 Knoblauchzehe
1 kleiner Zweig Salbei
Salz
Zitronensaft
Mehl

Lachsfilet in ca. 2 cm breite Streifen schneiden, salzen, mit Zitronensaft beträufeln und in Mehl wenden. Nudeln nach Packungsangabe al dente kochen. In einer beschichteten Pfanne Öl erhitzen, die Lachsstreifen anbraten und warm stellen. Die in Ringe geschnittenen Chilis, die gehackte Knoblauchzehe und den Salbei in der Pfanne anschwitzen.

Nudeln und Lachsstreifen kurz in die Pfanne geben und mit erhitzen. Dazu Früchtetee trinken.

Zwischenmahlzeit:
2 Scheiben Knäckebrot
50 g Magerquark
3 EL Buttermilch
1 EL Kleie
2 EL Kräuter
Den Quark mit Buttermilch, Kleie und den Kräutern verrühren und die Knäckebrotscheiben damit bestreichen. Dazu 1 Tasse Matetee trinken.

Abendessen:
50 g kurze Nudeln nach Wahl
1 TL Öl
1 Ei
1 EL Wasser
Salz, Pfeffer
50 g Kirschtomaten
1/4 Beet Kresse
Nudeln nach Packungsvorschrift garen. Abgießen, abtropfen lassen. Ei mit Wasser, Salz und Pfeffer verquirlen. Öl in die Pfanne geben, erhitzen, die Eimasse hineingießen. Nudeln darauf geben, bei milder Hitze zugedeckt stocken lassen. Den Nudel-Pfannkuchen vor dem Servieren mit Tomatenvierteln und Kresse bestreuen. Dazu Früchtetee trinken.

7. Leckerer Pasta TAG:
Frühstück:
1 Scheibe Vollkornbrot
3 EL Magerquark
2 EL Buttermilch
1/2 Beet Kresse
Pfeffer
1 gestrichener Meerrettich aus dem Glas
1 hartgekochtes Ei
0,2 l Möhrensaft
Quark mit Buttermilch und der geschnitten Kresse verrühren, abschmecken und auf dem Brot verteilen. Mit dem Ei servieren. Dazu Möhrensaft trinken.

Zwischenmahlzeit:
1/2 Grapefruit
100 g fettarmer Joghurt
1 EL Kleie
Süßstoff
Grapefruit auspressen, den Saft mit Joghurt und Kleie cremig verrühren und mit Süßstoff abschmecken. Dazu 1 Tasse Matetee trinken.

Mittagessen:
50 g Bandnudeln
150 g frische Pilze
100 g Putenschnitzel
1 TL Öl
Pfeffer, Salz
1 Ecke Schmelzkäse nach Wahl
2 EL Milch (1,5 %)
Nudeln nach Packungsaufschrift zubereiten. Inzwischen die Pilze putzen und in Stücke schneiden. Putenschnitzel in heißem Öl von beiden Seiten kräftig anbraten, würzen und warm stellen. In dem verbliebenen Fett die Steinpilze einige Minuten braten und leicht pfeffern und salzen. Schmelzkäse mit der Milch unter ständigem Rühren erwärmen und schmelzen lassen. Einen Teil der gebratenen Steinpilze unter die Sauce rühren und mit den Nudeln, den Steinpilzen und dem Fleisch anrichten.
Dazu Früchtetee trinken.

Zwischenmahlzeit:
2 Möhren
1 kleiner Apfel
1 TL gemahlene Haselnüsse
Zitronensaft
Süßstoff
Möhren und Apfel grob raspeln, mit Zitrone und Süßstoff abschmecken und mit Nüssen bestreuen. Dazu 1 Tasse Matetee trinken.

Abendessen:
50 g Nudeln nach Wahl
1 Zwiebel
1 TL Öl
1 Stange Porree
1 grüne Paprika
1 TL Mehl
3/8 l Tomatensaft
1/2 TL gekörnte Brühe

Nudeln nach Packungsvorschrift garen. Zwiebel würfeln und in heißem Öl in einer beschichteten Pfanne glasig dünsten. Porree in dünne Streifen, den Paprika in kleine Würfel schneiden, zu den Zwiebeln geben und kurz mitdünsten lassen. 1- 2 EL Wasser zugeben, Mehl darüber stäuben, gut umrühren. Mit Tomatensaft auffüllen, 5 Minuten kochen lassen. Mit Brühe würzen. Anschließend Nudeln in der Suppe erhitzen.
Dazu Mineralwasser trinken.

18 DIE MITTELMEER- DIÄT

Mit leckeren Gerichten jeden Tag 1 Pfund abnehmen, sodass die Fettpölsterchen bald Geschichte sind. 5 Mahlzeiten zum Sattessen!!!
Bei dieser Diät gibt es pro Tag 5 Mahlzeiten:
Frühstück,
Mittagessen,
Abendessen und
zwei Zwischenmahlzeiten.
Natürlich können Sie einzelne Mahlzeiten gegeneinander austauschen.
Lassen Sie bitte nicht die Zwischenmahlzeiten aus, da
der Heißhunger zwischen den Hauptmahlzeiten unterdrückt wird
der Blutzucker konstant bleibt, Leistungsabfälle vermieden werden
der Magen sich an kleinere Mahlzeiten gewöhnt.
Wichtig: Viel trinken!
Wichtig ist, während der ganzen Diät viel zu trinken. Am besten trinken Sie zu jeder Mahlzeit etwas, über den Tag verteilt mindestens 2 Liter.

1. Mittelmeer-Diät-Tag
Frühstück:
1 Scheibe Pumpernickel
1 TL Halbfettbutter
1 Tomate
1 hartgekochtes Ei
¼ Beet Kresse
0,1 l Karottensaft
Tomate und Ei in Scheiben schneiden. Brot mit Halbfett bestreichen, mit Tomaten- und Eischeiben belegen. Mit Kresse garnieren.
Dazu Karottensaft trinken.

Zwischenmahlzeit:
0,2 l Tomatensaft
Salz und Pfeffer
einige Tropfen Worcestersauce
20 g schwarze Oliven
Tomatensaft mit Salz, Pfeffer und Worcestersauce abschmecken.
Dazu schwarze Oliven essen und 1 Tasse Matetee trinken.

Mittagessen:
3 Kartoffeln
1 /2 kleine Aubergine
1 kleine Zucchini
½ rote und ½ grüne Paprika
1 Tomate
1 /2 Zwiebel
1 EL Öl
Rosmarin
50 g fettarmer Joghurt
1 EL Tomaten-Ketchup
Paprikapulver, Salz, Pfeffer
1 Baguettebrötchen
Die Kartoffeln schälen und in Scheiben schneiden und ca. 10 Minuten kochen. Das Gemüse putzen und waschen. Die Paprika in Streifen, die Aubergine und die Zucchini in Scheiben schneiden, die Tomate vierteln. Die Zwiebel in Würfel schneiden. Paprika, Aubergine und Zucchini 2-3 Minuten in kochendes Wasser geben und kalt abschrecken. Die Kartoffeln und das Gemüse im Olivenöl wenden, mit Rosmarin bestreuen und im Ofen ca. 15 Minuten bei 220 °C backen. Joghurt mit Ketchup miteinander verrühren und mit Paprika, Salz und Pfeffer abschmecken. Alles auf einem Teller anrichten und mit dem Dipp und dem Baguette servieren.
Dazu Mineralwasser trinken.

Zwischenmahlzeit:
1 großes Stück Wassermelone
Melone in Stücke schneiden und essen. Dazu 1 Tasse Matetee trinken.

Abendessen:
10 Riesen- Scampi (Gambas)
Saft einer Zitrone
2 Knoblauchzehen
1 kleine rote Peperoni
4 EL Öl
Dill
1 Baguettebrötchen
Scampi unter fließendem Wasser waschen, gut abtropfen lassen und mit Zitronensaft beträufeln. Knoblauchzehen abziehen, Peperoni in kleine Ringe schneiden.

Öl mit Dillzweigen, Zitronensaft, Knoblauchzehen und Peperoni in eine Schale geben und die Scampi darin mind. 1 Stunde marinieren, dabei einmal wenden. Abtropfen lassen und von beiden Seiten 2-3 Minuten braten oder grillen. Dazu Mineralwasser trinken.

2. Mittelmeer-Diät-Tag
Frühstück:
150 g fettarmer Joghurt
1 EL flüssiger Honig
200 g Obst (z.B. Apfel, Weintraube, Mandarine, Pfirsich, Melone)
2 EL Cornflakes
Honig mit dem Joghurt verrühren. Die Früchte in kleine Stücke schneiden und unter den Joghurt heben. Mit Cornflakes bestreuen. Dazu 1 Tasse Matetee trinken.

Zwischenmahlzeit:
0,2 l Möhrensaft
1 Spritzer Zitronensaft 1 /2 TL Honig
20 g schwarze Oliven
Möhrensaft mit Zitrone abschmecken und mit etwas Honig süßen.

Mittagessen:
50 g Nudeln nach Wahl
1 Paprika, in Würfel geschnitten
3 schwarze Oliven
1 TL Öl
5 EL Milch
50 g Schmelzkäse
1 EL Tomatenmark
Salz, Pfeffer
1 Stängel Basilikum
Nudeln nach Packungsvorschrift zubereiten. Paprikawürfel mit den Oliven in heißem Olivenöl in einer beschichteten Pfanne kross anbraten. Inzwischen die Milch erhitzen, den Schmelzkäse zugeben und in der heißen Milch auflösen. Tomatenmark in die Käsesauce einrühren, salzen und pfeffern. Basilikum in dünne Streifen schneiden und zu der Sauce geben. Einige Minuten ziehen lassen. Nicht erneut kochen. Nudeln abschrecken und abtropfen lassen, das Gemüse unterheben und mit der Käse-Sauce servieren. Mit Basilikumblättchen garnieren. Dazu Mineralwasser trinken.

Zwischenmahlzeit:
150 g Beerenfrüchte (Erdbeeren, Himbeeren, Heidelbeeren)
150 g fettarmer Joghurt
2 EL Kleie
Die Früchte in Stücke schneiden. Joghurt mit Kleie verrühren. Früchte und Joghurt vermischen. Dazu 1 Tasse Matetee trinken.

Abendessen:
Einige Salatblätter
1 Tomate
2 grüne Peperoni aus dem Glas
10 schwarze Oliven
50 g fettreduzierten Feta- Käse
1 Rote Zwiebel, in Ringe geschnitten
1 EL Öl
2 TL Rotweinessig
Salz, Pfeffer
Salatblätter waschen und in mundgerechte Stücke zupfen. Tomate in Vierteln schneiden, Peperoni, schwarze Oliven und Feta- Käse abtropfen lassen. Peperoni quer halbieren. Feta-Käse in Scheiben schneiden. Alles in einer Schüssel anrichten und die Zwiebelringe darüber geben. Aus Öl, Essig und Salz ein Dressing zubereiten und über den Salat träufeln. Mit Pfeffer bestreuen. Dazu Matetee trinken.

3. Mittelmeer-Diät-Tag
Frühstück:
1/2 Papaya
100 g frische Ananas
1 Kiwi
100 g geräucherte Hähnchen-/ Putenbrust
100 g Magerquark
3 EL Buttermilch
2 EL Haferflocken
Kiwi schälen. Papaya würfeln, Ananasfleisch in Stücke, die Kiwi in Scheiben und die Putenbrust in Streifen schneiden. Alles miteinander mischen. Quark mit Buttermilch und Haferflocken cremig rühren und zum Früchtemix servieren. Dazu 1 Tasse Matetee trinken.

Zwischenmahlzeit:
0,2 l Gemüsesaft
Salz, Pfeffer
20 g schwarze Oliven
Gemüsesaft mit Salz und Pfeffer abschmecken. Dazu die schwarzen Oliven essen.

Mittagessen:
1 Kalbsschnitzel (100 g)
3 Tomaten
½ Kugel fettreduzierter Mozzarella
1 kleine Knoblauchzehe
Basilikum, Salz, Pfeffer
1 EL Öl
Knoblauch klein schneiden. Die Tomaten enthäuten und fein zerkleinern. Mozzarella in Scheiben, die Basilikumblätter in Streifen schneiden. Kalbsschnitzel flach klopfen, salzen, pfeffern und im heißen Olivenöl kurz anbraten. Knoblauch zugeben und nochmals 3 - 5 Minuten zusammen braten. Das Öl mit den Knoblauchstreifen in eine Auflaufform geben. Das Schnitzel hineinlegen, das Tomatenpüree mit Pfeffer, Salz und etwas Zucker abschmecken und auf dem Schnitzel verteilen. Mit Mozzarella-Scheiben belegen. Bei 200°C im Ofen überbacken bis der Käse schmilzt.
Dazu 1 Tasse Matetee trinken.

Zwischenmahlzeit:
200 g Obst
Obst essen, dazu 1 Tasse Matetee trinken.

Abendessen:
3 Tomaten
½ Salatgurke
1 rote Zwiebel
6 schwarze Oliven
50 g fettarmer Feta- Käse
1 EL Öl
1 EL Balsamico Essig
1/2 Knoblauchzehe
Salz, Pfeffer
Tomaten in Achtel, die Gurke in Scheiben, die Zwiebel in Ringe schneiden. Feta- Käse würfeln. Alles mit den Oliven in eine Schüssel geben.

Aus Öl und Essig ein Dressing zubereiten, mit Knoblauch, Salz, Pfeffer abschmecken und über den Salat geben. Gut durchziehen lassen. Dazu Mineralwasser trinken.

4. Mittelmeer-Diät-Tag

Frühstück:
1 Scheibe Vollkornbrot
1 EL fettarmer Kräuter- Frischkäse
1 hartgekochtes Ei
1 Frühlingszwiebel
1 EL Sprossen
0,2 l Tomatensaft
Vollkornbrot mit Frischkäse bestreichen. Ei in Scheiben, die Frühlingszwiebel in Ringe schneiden. Brot mit Eischeiben, Frühlingszwiebel und Sprossen belegen. Dazu Tomatensaft und 1 Tasse Matetee trinken.

Zwischenmahlzeit:
0,2 l Tomatensaft
je 1 Prise Salz und Pfeffer
einige Tropfen Worcestersauce
50 g schwarze Oliven
Tomatensaft mit Salz,   Pfeffer und der Worcestersauce abschmecken. Dazu die schwarzen Oliven essen.

Mittagessen:
150 g Fischfilet
1 TL Öl
1 Zwiebel
0,2 l Gemüsebrühe (Instant)
2 Tomaten
1 Zucchini
50 g Naturreis
Zitrone
Salz, Pfeffer
Basilikum
Fischfilet kalt abspülen, mit Küchenkrepp trocken tupfen, mit Zitrone beträufeln, salzen und pfeffern. Die Zwiebel fein würfeln, in der Pfanne in heißem Öl andünsten, die gewürfelten Tomaten, die in Scheiben geschnittenen Zucchini zugeben. Mit Gemüsebrühe aufgießen. Reis zugeben, aufkochen und bei schwacher Hitze gut köcheln lassen. Fischfilet zugeben und ziehen lassen. Nachwürzen und servieren. Dazu Mineralwasser trinken.

Zwischenmahlzeit:
2 Scheiben Knäckebrot
2 Salatblätter
2 EL Magerquark
2 Radieschen und gemischte Kräuter
Die Knäckebrote mit Salatblättern belegen, den Quark darauf geben und mit Radieschenscheiben und Kräutern garnieren. Dazu 1 Tasse Matetee trinken.

Abendessen:
½ Bund Rucola
1/2 Kugel fettreduzierten Mozzarella
2 Tomaten
1 EL Öl
Salz, Pfeffer
½ Baguettebrötchen
Rucola waschen, abtropfen lassen. Tomaten, Mozzarella in Scheiben schneiden und auf einem Teller anrichten. Rucola darüber geben. Salz und Pfeffer darüber streuen und mit dem Öl beträufeln. Dazu das Baguettebrötchen essen und Matetee trinken.

5. Mittelmeer-Diät-Tag
Frühstück:
1 frische Feige
100 g Beerenfrüchte (z.B. Himbeeren, Heidelbeeren, frisch oder TK)
3 EL Haferflocken
1 EL Leinsamen
100 g fettarmer Joghurt
Die Feige in Scheiben schneiden, die Beeren waschen, putzen bzw. auftauen und mit Haferflocken und Leinsamen mischen. Joghurt cremig rühren und darüber geben. Dazu 1 Tasse Matetee trinken.

Zwischenmahlzeit:
0,2 l Möhrensaft
1 Spritzer Zitronensaft
1/2 TL Honig
20 g schwarze Oliven
Möhrensaft mit Zitrone abschmecken und mit etwas Honig süßen. Dazu die Oliven essen.

Mittagessen:
50 g Nudeln
3 Tomaten
100 g Zucchini
Thymian
100 g Schweinefilet
1 EL Öl
Pfeffer, Salz
5 EL Brühe
Nudeln nach Packungsanweisung zubereiten. Inzwischen die Tomaten heiß überbrühen, enthäuten und würfeln. Zucchini in Scheiben schneiden und in wenig Wasser andünsten. Mit Thymian würzen. Schweinefilet in Scheiben schneiden, pfeffern und in heißem Öl braten, leicht salzen. Anschließend das Fleisch aus der Pfanne nehmen und warm stellen. Den Bratensatz mit Brühe löschen. Die Nudeln mit Zucchini und dem geschnetzelten Fleisch anrichten, mit Fond übergießen, die Tomatenwürfel darüber geben. Dazu 1 Tasse Matetee trinken.

Zwischenmahlzeit:
1 Papaya
Papaya halbieren, die Kerne entfernen und das Fruchtfleisch auslöffeln.
Dazu 1 Tasse Matetee trinken.

Abendessen:
100 g Brot vom Vortag
2 Tomaten
1 Stängel Staudensellerie
1 Bund Petersilie
1 Bund Basilikum
1-2 Sardellenfilets (nach Geschmack)
1 Zwiebel
2 TL Kapern
2 EL Essig
Salz, Pfeffer
1 EL Öl
Das Brot in ausreichend Wasser einweichen, bis es sich ganz vollgesogen hat. Dann löst man die Rinde von der Krume, drückt die Krume fest aus und zerpflückt sie in einer großen Schüssel. Die Tomaten in schmale Spalten schneiden, die Selleriestängel in sehr dünne Scheibchen. Sellerie-, Petersilien- und Basilikumblättchen klein schneiden.

Die Sardellenfilets in Querstreifen und die Zwiebel in feine Ringe schneiden. Alle Zutaten, samt der feuchten Brotkrume mischen und mit Essig, Salz und Pfeffer abschmecken. Anschließend das Öl darüber geben und den Salat etwas auflockern, so dass das Öl einsickern kann. Dazu 1 Tasse Matetee trinken.

6. Mittelmeer-Diät-Tag
Frühstück:
1 Nektarine
100 g Honigmelone
100 g Erdbeeren
30 g Haferflocken
1 TL Leinsamen
150 g fettarmer Kefir
Nektarine halbieren, Stein entfernen und die Frucht in Scheiben schneiden. Aus dem Melonenfleisch Kugeln ausstechen. Erdbeeren klein schneiden. Die Früchte unter die Haferflocken heben und mit Leinsamen bestreuen. Kefir über das Müsli geben. Dazu 1 Tasse Matetee trinken.

Zwischenmahlzeit:
0,2 l Gemüsesaft
Salz, Pfeffer
20 g schwarze Oliven
Gemüsesaft mit Salz und Pfeffer abschmecken Dazu die Oliven essen.

Mittagessen:
100 g Möhren
1/2 rote Paprikaschote
1/2 grüne Paprikaschote
50 g Champignons 1 Zwiebel
1/2 Knoblauchzehe
1 EL Öl
50 g Risotto- Reis
1/8 l Gemüsebrühe
Gemüse in kleine Stücke schneiden. Zwiebel und Knoblauch schälen und fein hacken, in heißem Öl andünsten. Das Gemüse und den gewaschenen Reis zufügen und mitdünsten. Die Gemüsebrühe zufügen und einkochen lassen, bis der Reis gegart ist. Dazu Mineralwasser trinken.

Zwischenmahlzeit:
50 g eingelegte grüne Oliven
1 Baguettebrötchen
Die Oliven zu dem Brötchen essen. Dazu 1 Tasse Matetee
trinken.

Abendessen:
1 rote Paprika
1 gelbe Paprika
250 g Magerquarkquark
3 EL Zitronensaft
1 EL italienische Kräuter
Petersilie
Salz, Pfeffer
Knoblauch
1 Scheibe Pumpernickel
Von den Paprikaschoten die Deckel abschneiden und diese
fein würfeln. Die Schoten entkernen, waschen und gut
abtropfen lassen. Quark mit Zitronensaft verrühren und mit
Kräutern, Knoblauch, Salz und Pfeffer würzen. Den Quark in
die Paprikaschoten füllen und mit einigen Paprikawürfeln
bestreuen. Dazu Pumpernickel essen und 1 Tasse Matetee
trinken.

7. Mittelmeer-Diät-Tag
Frühstück:
1 Scheibe Vollkornbrot
1 TL Halbfettbutter
2 Scheibe Hähnchen-/ Putenbrust in Aspik
1 Tomate
2 Orangen
1 EL Haferflocken
Süßstoff
Brot mit Halbfett bestreichen, mit Putenbrust und
Tomatenscheiben belegen. Orangen auspressen, den Saft mit
den Haferflocken verquirlen.
Dazu 1 Tasse Matetee trinken.

Zwischenmahlzeit:
0,2 l Tomatensaft
je 1 Prise Salz und Pfeffer
einige Tropfen Worcestersauce
20 g schwarze Oliven

Tomatensaft mit dem Salz, dem Pfeffer und der Worcestersauce mischen. Dazu die Oliven essen.

Mittagessen:
100 g Hüft-Steak
1 EL Öl
Pfeffer, Salz
1 Scheibe Vollkorn-Toast
einige Salatblätter
1 TL Halbfett- Butter
1 Tomate
1 Scheibe fettreduzierten Käse
einige Salbeiblätter
Steak unter kaltem Wasser abwaschen, trocken tupfen, pfeffern und in heißem Öl auf jeder Seite kurz anbraten. Anschließend salzen. Toastbrot buttern, mit Salatblättern belegen. Steak darauf setzen, mit Salbeiblättern und der in Scheiben geschnittenen Tomate und dem Edamer belegen. Im vorgeheizten Backofen überbacken, bis der Käse schmilzt. Dazu 1 Tasse Matetee trinken.

Zwischenmahlzeit:
1/2 Melone nach Wahl
Die Melone essen. Dazu Früchtetee trinken

Abendessen:
50 g Nudeln nach Wahl
2 Fleischtomaten
1 Zwiebel
1 Zucchini
1 TL Öl
1 EL Mais aus der Dose
Petersilie (frisch oder TK- Produkt)
Salz, Pfeffer
Paprikapulver
50 g fettreduzierter Feta- Käse
Nudeln nach Packungsanweisung garen, abgießen und abtropfen lassen. Fleischtomaten waschen, Deckel abschneiden, aushöhlen und umgedreht abtropfen lassen. Zwiebel und Zucchini würfeln und im heißen Öl dünsten. Nudeln, Mais und Petersilie zugeben und abschmecken. Die Masse in die Fleischtomaten geben und diese in eine Auflaufform setzen.

Feta- Käse würfeln und über die Tomaten streuen. Im vorgeheizten Backofen ca. 20 Minuten backen. Dazu 1 Tasse Matetee trinken.

19 DIE FATBURNER DIÄT

Schmelzen Sie die fiesen, überflüssigen Fettpolster sicher und schnell weg! Fatburner helfen, schneller und erfolgreicher abzunehmen.
Diese Diät ist eine Baukasten- Diät.
Wählen Sie jeden Tag unter den Rezepten
1 der Frühstücksvorschläge,
2 der Snacks als Zwischenmahlzeiten, und
2 der Hauptgerichte für Mittagessen und Abendessen aus.
Zu den in den Mahlzeiten angegebenen Getränken sollten Sie viel trinken.
Empfehlung:
Fatburner- Tees Matetee, Mineralwasser, oder Apfelessig, der den Stoffwechsel aktiviert und das Immunsystem kräftigt.
Die 5 größten Fatburner sind:
-Vitamin C
Stärkt das Immunsystem und hilft dem Körper beim Fettabbau.
Empfehlung: Viel frisches Obst und Gemüse essen.
Reich an Vitamin C sind Zitrusfrüchte, exotische Früchte, Sanddorn, Erdbeeren, Johannisbeeren sowie Paprika, Spinat, Tomaten und alle Kohlarten.
-Magnesium
Kurbelt den Stoffwechsel an und unterstützt den Fettabbau.
Reich an Magnesium sind Getreideprodukte, Keime, Nüsse und Samen.
-Cynarin
Regen die Tätigkeit der Leber an und fördern den Fettstoffwechsel. Die Entgiftungstätigkeit der Leber wird unterstützt. Reich an Bitterstoffen sind Pflanzensäfte wie z. B. Artischockensaft und Löwenzahnsaft.
-L- Carnitin
Dieser Biostoff ist der Regulator im Energie- und Fettstoffwechsel. Er transportiert Fett zu den Körperzellen. Das Fett wird zu Energie verbrannt und es wird verhindert, dass sich zuviel Fett im Blut ansammelt. Reich an Carnitin sind Milchprodukte und Muskelfleisch.
-Linolsäure
Senkt den Cholesterinspiegel im Blut. Reich an Linölsäure sind pflanzliche Fette und Öle, insbesondere kaltgepresstes Raps-Kernöl.

Frühstücksvorschläge Fatburner-Diät
Frühstück No.1
NUR 4,7 g Fett
1 Scheibe Vollkornbrot
1 TL Frischkäse
2 Scheiben Hähnchen- / Putenbrust in Aspik
1 Tomate
2 Orangen
2 EL Artischockensaft
1 EL Getreidekeime
Süßstoff
Brot mit Frischkäse bestreichen, mit Putenbrust und Tomatenscheiben belegen. Orangen auspressen, den Saft mit Artischockensaft und Getreidekeimen verquirlen.
Dazu Matetee trinken.

Frühstück No.2
NUR 6,0 g Fett
1 Orange
1 Kiwi
1 EL Rosinen
4 EL Haferflocken
150 g fettarmer Joghurt
Mineralwasser
Orange und Kiwi schälen und die Früchte klein schneiden. Joghurt glatt rühren und über die Früchte geben.
Dazu Mineralwasser trinken.

Frühstück No.3
NUR 5,3 g Fett
1/2 Grapefruit
3 EL Früchte-Müsli
1 EL Leinsamen
75 g fettarmer Joghurt
1 Scheibe Knäckebrot
25 g Magerquark
1 TL Konfitüre
0,15 l Tomatensaft
Grapefruit klein schneiden. Müsli, Leinsamen und Joghurt unter das Fruchtfleisch mischen. Knäckebrot mit Quark und Konfitüre bestreichen.
Dazu Tomatensaft trinken.

Snackvorschläge
Snack No.1
NUR 0,8 g Fett
1 Scheibe Vollkorn- Knäckebrot
30 g Magerquark
1 Kiwi
Vollkorn- Knäckebrot mit Quark bestreichen und mit Kiwischeiben belegen.

Snack No.2
NUR 1,1 g Fett
1/2 Grapefruit
0,15 l Buttermilch
1 EL Kleie
Süßstoff
Grapefruitsaft auspressen, mit Buttermilch und Kleie verquirlen, mit Süßstoff abschmecken.

Snack No.3
NUR 1,1 g Fett
0,15 l Buttermilch
1 EL Kleie
1/4 Mango
Zitrone
Buttermilch mit Kleie und dem Fruchtfleisch der Mango im Mixer fein pürieren und mit Zitrone abschmecken.

Snack No.4
NUR 0,2 g Fett
50 g Naturreis
1/2 Papaya
Reis nach Packungsvorschrift zubereiten. Papaya schälen, würfeln und unter den Reis heben.
Dazu Matetee trinken

Snack No.5
NUR 2,4 g Fett
150 g fettarmer Joghurt
5 EL Orangen-Nektar
1 EL Kleie
Joghurt mit Nektar und Kleie gut verquirlen.

Snack No.6
NUR 3,6 g Fett
1/2 Grapefruit
150 g fettarmer Joghurt
1 EL Leinsamen
Grapefruit klein schneiden und mit Leinsamen unter den Joghurt mischen. Mit Süßstoff abschmecken.

Snack No.7
NUR 4,3 g Fett
1 Scheibe Toast
1 TL Frischkäse
10 g leichter Camembert
1 Sternfrucht-Scheibe
Honigmelone
Toast toasten, mit Frischkäse bestreichen. Aus dem Melonenfleisch einige Kügelchen ausstechen. Das Brot mit Camembert und den Früchten belegen.

Snack No.8
NUR 5,7 g Fett
1 Scheibe Toast
2 TL Frischkäse
1/2 Feige
einige Johannisbeeren
Toast toasten, mit Frischkäse bestreichen und mit den Früchten belegen.

Hauptgerichte Fatburner Diät
Hauptgericht No.1
NUR 9,9 g Fett
1 Kiwi
1 Sternfrucht
1 Feige
1 Portion fettreduzierter Camembert (62,5 g)
Pfeffer aus der Mühle
Heidelbeeren und Physalis
Kiwi schälen. Sternfrucht und Kiwi in Scheiben schneiden, die Feige halbieren. Den Camembert in Scheiben schneiden, mit etwas Pfeffer aus der Mühle bestreuen und mit den Früchten auf einem Teller anrichten. Mit Heidelbeeren und Physalis garnieren.

Hauptgericht No.2
NUR 9,6 g Fett
0,2 l Hühnerbrühe (Instant aus dem Glas)
40 g Natur-Reis
100 g mageres Fleisch (Schwein, Hähnchen, Pute)
Pfeffer, Salz
2 TL Öl
2 EL Sojasauce
1 EL Essig
1 Möhre
1 kleine Stange Porree
Worcestersauce
Süßstoff
Hühnerbrühe nach Packungsaufschrift zubereiten, und die Brühe 15 Minuten vor der Mahlzeit trinken. Inzwischen Reis nach Packungsvorschrift zubereiten. Fleisch waschen, trocken tupfen, in Streifen schneiden, mit Pfeffer und Salz würzen. Öl in einer beschichteten Pfanne erhitzen, Fleisch darin anbraten. Sojasauce und Essig zum Fleisch geben und gut verrühren. Porree und Möhren putzen, waschen, in Streifen schneiden, zum Fleisch geben und kurz mitbraten. Etwas Wasser hinzufügen und alles 5 Minuten schmoren lassen. Fleisch mit Worcestersauce und etwas Süßstoff abschmecken und mit dem Reis anrichten.

Hauptgericht No.3
NUR 9,7 g Fett
250 g Weißkohl
1/4 TL Salz
30 g magerer Schinkenspeck
1/2 Tasse Brühe
Kümmel
1 Prise Zucker
1/2 kleine Zwiebel
1/4 Knoblauch
2 EL Essig
1 Scheibe Vollkornbrot
Kohl fein raspeln und in eine Schüssel geben. Mit Salz bestreuen und kräftig durchkneten. Den Schinkenspeck fein würfeln und in der Pfanne anbraten. Mit Brühe aufgießen. Kümmel und Zucker zugeben. Kurz ziehen lassen und über das Kraut geben. Zwiebel und Knoblauchzehe schälen und fein würfeln. Mit Essig abschmecken und durchziehen lassen. Dazu 1 Scheibe Brot essen.

Hauptgericht No.4
NUR 3,3 g Fett
50 g Langkornreis
1/2 kleine Mango
1/2 Papaya
1 Frühlingszwiebel
1 Scheibe gekochter Schinken
75 g fettarmer Joghurt
Saft 1/2 Zitrone
1 EL gemischte, gehackte Kräuter
Zucker, Curry, Salz, Pfeffer
Reis nach Packungsanweisung zubereiten. Mango und
Papayafleisch in Würfel schneiden. Frühlingszwiebel in Ringe
schneiden und Schinken in Streifen schneiden. Alle Zutaten
in eine Schüssel geben und mischen. Joghurt mit
Zitronensaft verrühren und mit gehackten Kräutern und
Gewürzen abschmecken, über den Salat geben und gut
durchziehen lassen.

Hauptgericht No.5
NUR 19,5 g Fett
1 Stängel Staudensellerie
1/2 Apfel
2 Scheiben fettreduzierter Käse nach Wahl
1 kleine Möhre
2 Walnusshälften
25 g fettreduzierter Feta- Käse
50 g Saure Sahne
Salz, Pfeffer
Zitronensaft
Staudensellerie putzen, waschen und in Stücke, die
Apfelhälfte in Spalten, die Möhre in Stifte, die Käsescheiben
in Streifen schneiden, die Walnüsse grob hacken. Sellerie mit
Grün, Äpfel, Möhren und Käse auf einem Teller anrichten und
mit gehackten Walnüssen bestreuen. Den Feta- Käse mit
einer Gabel zerdrücken, mit saurer Sahne cremig rühren, mit
Salz, Pfeffer und etwas Zitronensaft abschmecken und über
den Salat geben.

Hauptgericht No.6

NUR 14,7 g Fett

1/2 Papaya
100 g Ananas oder 1/2 Babyananas
200 g Honigmelone
50 g Schmand
50 g Magerquark
1 Msp. Vanillezucker
1 TL Zitronensaft
1/2 Tl. Pistazien
Pfeffer aus der Mühle

Papaya halbieren, die Kerne mit einem Löffel entfernen. Ananas halbieren oder längs ein Viertel der Frucht herausschneiden. Das Fruchtfleisch herauslösen, klein schneiden und wieder in die Frucht einfüllen. Melone in Spalten schneiden und ebenfalls die Kerne entfernen. Quark mit Schmand, Zitronensaft und Vanillezucker cremig rühren und die Früchte damit füllen. Je nach Geschmack mit gehackten Pistazien oder Pfeffer garnieren.

20 DIE GUTE LAUNE DIÄT

Jeden Tag 1 Pfund mit bester Laune abnehmen!!!
GENIAL: 5 Mahlzeiten pro Tag, die täglich unter 30g Fett liegen!!!
Die kalte Jahreszeit führt oft zu schlechter Laune und Depressionen, da ein Mangel an Sonnenlicht herrscht. Dieses führt dazu, dass im Körper weniger Serotonin gebildet wird. Dieser Botenstoff kommt im Gehirn vor und ist für die gute Laune zuständig. Um den Botenstoff bilden zu können benötigt man außer Sonnenlicht auch komplexe Kohlenhydrate sowie die Aminosäure Trypthophan.
Reich an komplexen Kohlenhydraten sind: Getreideprodukte, Brot, Kartoffeln, Reis, Nudeln und Obst.
Reich an Tryptophan sind: Fisch, mageres Fleisch und Geflügel, Milch und Milchfrischprodukte.

1. Gute-Laune-TAG

Frühstück:
1 Mandarine
1 Kiwi
1/2 Banane
5 EL Cornflakes
2 EL Haferflocken
100 g fettarmer Joghurt
1 TL Kokosraspel
Früchte schälen, Mandarine in Spalten zerlegen, Kiwi und Banane in Scheiben schneiden. Mit den Cornflakes und Haferflocken mischen. Joghurt unterheben und durch ziehen lassen. Mit Kokosraspeln bestreuen.
Dazu 1 Tasse Matetee trinken.

Zwischenmahlzeit:
1/2 Banane
0,1 l fettarme Milch
1 EL zarte Haferflocken
1 EL Weizenkleie
Zimt
Milch, Banane, Haferflocken und Weizenkleie im Mixer vermischen und mit Zimt abschmecken.

Mittagessen:
50 g Nudeln
1 TL Öl
100 g Hähnchen-/ Putenbrust
1 kleine Fenchelknolle
Italienische Kräuter
Salz, Pfeffer
Nudeln nach Packungsanweisung kochen, anschließend abgießen und abschrecken. In der In der Zwischenzeit Fenchel in dünne Scheiben schneiden und in einer beschichteten Pfanne in dem heißen Öl anbraten. Herausnehmen und warm stellen. Hähnchenbrust von beiden Seiten anbraten, salzen, pfeffern und mit den Kräutern würzen, anschließend in Streifen schneiden. Fenchelscheiben auf einen Teller verteilen, darauf die Nudeln und das Hähnchenfleisch anrichten. Dazu Mineralwasser trinken.

Zwischenmahlzeit:
1 Scheibe Vollkorntoast
1 TL Frischkäse
20 g Diätkonfitüre
Brot toasten, mit Frischkäse und Konfitüre bestreichen. Dazu 1 Tasse Matetee trinken.

Abendessen:
Einige Salatblätter
1 gelbe Paprikaschote
2 Tomaten
einige Radieschen
1 Stängel Staudensellerie
1 kleine Fenchelknolle
1 hartgekochtes Ei
1 Scheibe Weißbrot
100 g fettarmer Joghurt
Schnittlauch, Petersilie
Salz, Pfeffer
Gemüse waschen und putzen. Paprika in Streifen, Staudensellerie und Fenchel in Stücke, Radieschen in Scheiben und Tomaten in Achtel schneiden und in einer Schüssel anrichten. Das Brot toasten, in Würfel schneiden und über den Salat geben. Mit Eischeiben garnieren. Aus Joghurt glattrühren, mit Kräutern und Gewürzen abschmecken und über den Salat geben. Dazu Tee nach Wahl trinken.

2. Gute-Laune-TAG

Frühstück:
50 g Haferflocken
2 EL Weizenkleie
1 Birne
0,2 l Buttermilch
0,2 l Fruchtmolke
Birne vom Kerngehäuse befreien und in kleine Stücke schneiden, mit Haferflocken, Kleie mischen. Buttermilch darüber gießen, kurz durchziehen lassen. Dazu Fruchtmolke trinken.

Zwischenmahlzeit:
0,1 l Traubensaft
100 g fettarmer Joghurt
Traubensaft mit Joghurt verrühren.

Mittagessen:
1 Baked Potatoe
100 g Magerquark
1 TL Öl
Pfeffer, Salz
1 EL gemischte Kräuter (frisch oder TK- Produkt)
Kümmel
1 EL fein gehackter roter Paprika
1 EL fein gehackter gelber Paprika
Kartoffel laut Packungsanweisung zubereiten. Inzwischen Quark mit dem Öl cremig rühren, mit Salz und Pfeffer abschmecken. Mit Kräutern, Kümmel und Paprika vermengen. Kartoffel einschneiden und den Kräuterquark darüber geben. Dazu Mineralwasser trinken.

Zwischenmahlzeit:
1 Scheibe Vollkorn- Knäckebrot
1 TL Frischkäse
30 g leichter Camembert
Radieschen und Kräuter zum Garnieren
Knäckebrot mit Frischkäse bestreichen, mit Camembert belegen und mit einigen Radieschen garnieren. Dazu 1 Tasse Matetee trinken.

Abendessen:
30 g Haferkörner
0,3 l Gemüsebrühe
1 kleine Zwiebel
1 kleine Stange Porree
2 Möhren
1 TL Öl
Salz, Pfeffer
Hafer mit Gemüsebrühe aufsetzen, zum Kochen bringen und eine halbe Stunde köcheln lassen. In der Zwischenzeit die Zwiebel schälen und fein würfeln. Porree in Scheiben und die Möhren in Würfel schneiden. Öl erhitzen und die Zwiebelwürfel glasig dünsten. Das Gemüse zugeben, kurz mitdünsten. Die Gemüsebrühe mit dem Hafer zugeben und alles nochmals 10 Minuten köcheln lassen. Anschließend mit Pfeffer und Salz abschmecken. Dazu Tee nach Wahl trinken.

3. Gute-Laune-TAG
Frühstück:
1 Sonnenblumenbrötchen
1 kleine Scheibe Roggenmischbrot
10 g Frischkäse
20 g Diät-Konfitüre
1 EL körniger Frischkäse
1 Pfirsich
Sonnenblumenbrötchen aufschneiden und die Hälften mit Frischkäse und Konfitüre bestreichen. Körnigen Frischkäse auf das Brot verteilen, mit Pfirsichspalten belegen. Dazu Tee nach Wahl trinken.

Zwischenmahlzeit:
50 g Heidelbeeren
75 g Magerquark
2 EL Buttermilch
1 EL Haferflocken
Zitrone
Heidelbeeren zerkleinern. Den Quark mit Buttermilch und 1 EL Weizenkeime cremig rühren, mit Zitrone abschmecken. Die Heidelbeeren unterheben, mit Haferflocken bestreuen.

Mittagessen:
0,2 l Vollmilch
40 g Grieß
Süßstoff
etwas Orangenschale
1 EL Weizenkeime
200 g Heidelbeeren
Milch zum Kochen bringen, Grieß einrühren und kurz aufwallen lassen, vom Herd nehmen und mit Süßstoff und Orangenschale abschmecken. Die Weizenkeime unterheben und den Grieß abkühlen lassen. Die Heidelbeeren waschen und über den abgekühlten Grießbrei geben.
Dazu 1 Tasse Matetee trinken.

Zwischenmahlzeit:
200 g Früchte nach Wahl (z.B. Orange, Kiwi, Weintrauben)
Zitronensaft
Süßstoff
Früchte kleinschneiden, mischen, mit Zitrone und Süßstoff abschmecken.
Dazu 1 Tasse Matetee trinken.

Abendessen:
1 Scheibe Roggenmischbrot
1 Scheibe Roggen-Knäckebrot
100 g saure Sahne
1 kleine Zwiebel
1/2 Knoblauchzehe
1/2 Salatgurke
2 Tomaten
Pfeffer, Salz
Dill
Zwiebel und Knoblauchzehe schälen und fein hacken, Salatgurke auf einer Reibe grob raspeln, mit der sauren Sahne verrühren und mit Pfeffer, Dill und etwas Salz abschmecken. Den Quark auf den Brotscheiben verteilen, mit Dillfähnchen garnieren und mit den Tomaten servieren. Dazu 1 Tasse Matetee trinken.

4. Gute-Laune-Tag

Frühstück:
150 g fettarmer Joghurt
1 TL Honig
1 Birne
100 g Weintrauben
50 g Müsli
Joghurt cremig rühren, mit Honig süßen und über das Müsli geben. Birne klein schneiden. Weintrauben halbieren und die Kerne entfernen. Früchte unter das Müsli heben und kurz durchziehen lassen. Dazu Früchtetee trinken.

Zwischenmahlzeit:
1 Scheibe Vollkorn-Knäckebrot
1 TL Senf
1 Ei
1 EL Mineralwasser
1 TL Öl
Salz
¼ Beet Kresse
Ei mit Mineralwasser verquirlen, etwas salzen. Öl in einer beschichteten Pfanne erhitzen, das verquirlte Ei zugeben und stocken lassen. Knäckebrot mit Senf bestreichen, das Rührei darauf geben, mit Kresse bestreuen. Dazu 1 Tasse Matetee trinken.

Mittagessen:
200 g Filetsteak
2 TL Öl
Salz, Pfeffer
25 g Schmelzkäse nach Wahl
1 Paprika
100 g Mais aus der Dose
Paprikapulver
Petersilie
Steak kalt abspülen und anschließend trocken tupfen. Öl in einer beschichteten Pfanne erhitzen und das Fleisch von beiden Seiten kräftig anbraten. Pfeffern und salzen. Mit dem Käse belegen und im vorgeheizten Ofen einige Minuten überbacken, bis der Käse zerläuft. In der Zwischenzeit Paprika würfeln und mit dem Mais in der zuvor verwendeten Pfanne kurz dünsten. Mit Pfeffer, Salz und Paprika würzen und mit Petersilie bestreuen. Maisgemüse zum dem Steak servieren. Dazu 1 Tasse Matetee trinken.

Zwischenmahlzeit::
0,2 l Gemüsesaft

Abendessen:
10 rohe Riesengarnelen
1 kleine Zwiebel
1/2 Knoblauchzehe
1 TL Öl
2 EL trockener Weißwein
3 EL Fischfond (ersatzweise Gemüsefond)
100 g Joghurt (3,5%)
Salz, Cayennepfeffer
2 TL Öl
Paprikapulver, Dill zum Garnieren
Die Riesengarnelen waschen und trocken tupfen. Die Köpfe von den Schwanzstücken abdrehen und wegwerfen. Von den Schwanzstücken den Panzer wegbrechen, am Rücken einschneiden und den Darm entfernen. Zwiebel und Knoblauchzehe schälen und fein hacken. 1 TL Öl in einer beschichteten Pfanne erhitzen, Zwiebel- und Knoblauchwürfelchen darin andünsten. Mit Wein und Fischfond ablöschen und auf etwa ein Drittel einkochen. Den Joghurt zugeben und einkochen. Dann die Sauce durch ein Sieb passieren, mit Salz und Cayennepfeffer würzen und warm stellen. 2 TL Öl in einer Pfanne erhitzen und die Garnelen kurz garen. Mit Paprika bestäuben, nochmals wenden. Die gegarten Garnelen in die Sauce geben und mit Dill bestreuen. Dazu 1 Tasse Matetee trinken.

5. Gute-Laune-TAG:
Frühstück:
1 Mehrkornbrötchen
2 EL Magerquark
1 EL fettarmer Joghurt
1 Tomate
Zwiebelwürfel
1/4 Beet Kresse
Salz, Pfeffer
0,2 l Gemüsesaft
Brötchen halbieren. Quark mit Joghurt cremig rühren und auf den Brötchenhälften verteilen. Eine Hälfte mit Tomatenscheiben und Zwiebelwürfeln belegen, die andere mit Kresse bestreuen. Salzen und pfeffern. Gemüsesaft abschmecken. Dazu 1 Tasse Matetee trinken.

Zwischenmahlzeit:
0,2 l fettarmer Kefir
2-3 EL gemischte Kräuter
1 EL Zitronensaft
Kräuter mit dem Kefir gut vermischen, mit Zitronensaft abschmecken.

Mittagessen:
150 g Fischfilet
Zitronensaft
Salz, Pfeffer
50 g Reis
250 g gemischtes Gemüse
1 Lauchzwiebel
1/4 l Gemüsebrühe
Fisch kalt abspülen, trocken tupfen, mit Zitrone beträufeln und leicht salzen. Gemüse waschen und putzen und zerkleinern. Den Reis nach Packungsvorschrift zubereiten und abtropfen lassen. Inzwischen das Gemüse in der Gemüsebrühe 10-12 Minuten garen, anschließend abtropfen lassen. Den Fisch in etwas kochendes Wasser geben, ca. 10 Minuten gar ziehen lassen, herausnehmen und in mundgerechte Stücke zerpflücken. Gemüse und Fisch unter den Reis heben, mit Salz und Pfeffer nachwürzen. Dazu Früchtetee trinken.

Zwischenmahlzeit:
1 Scheibe Vollkorn- Knäckebrot
50 g Magerquark
¼ Beet Kresse
0,2 l Gemüsesaft
Knäckebrot mit Quark bestreichen und mit gehackter Kresse bestreuen.
Dazu Gemüsesaft trinken.

Abendessen:
1 Scheibe Pumpernickel
10 g Halbfettbutter
2 Scheiben Käse nach Wahl
1/4 Birne
1/2 Möhre
einige Weintrauben
Rucola
Pumpernickel buttern und halbieren. Birne in dünne Spalten schneiden. Möhre putzen, waschen und in Stifte schneiden. Pumpernickelhälften mit je einer Scheibe Käse, Birnenspalten, Möhrenstiften, einigen Trauben belegen. Mit Rucola garnieren.
Dazu 1 Tasse Matetee trinken.

.